家族問題と家族支援

下夷美幸

家族問題と家族支援（'20）

©2020　下夷美幸

装丁・ブックデザイン：畑中　猛

s-63

まえがき

　個人にとって，家族をめぐる問題は大きな関心事である。問題の現れ方やその内実は，世代によっても，ライフステージによっても，そしてそれぞれの個人や家族が置かれている状況によっても様々だが，多くの場合，わが身に生じた家族問題をやり過ごすことはできない。

　社会もまた，家族問題に対して無関心ではいられない。いつの時代も家族にかかわる事件や現象は世間の耳目を集め，ときに各方面から議論が巻き起こる。それが社会問題化し，政策課題となることも少なくない。

　そう考えると，家族問題は私たちに馴染みのある問題と言えよう。ただし，家族問題の意味・内容を示す明確な定義があるわけではない。それどころか，家族そのものについても，普遍的な定義は存在しない。学問領域によっては，「絆の共有」や「情緒的な親密さ」などの言葉を含む家族の定義が広く用いられることもあろうが，本書では家族について，全章にわたる統一した定義づけや概念規定は行っていない。家族問題，家族支援についても同様である。その捉え方は各章の筆者にゆだねられている。いわば本書は，それぞれの立場から各テーマに自由にアプローチすることで，より多くの知見を得ようとするものである。

　こうして，『家族問題と家族支援』と題する本書では，家族が抱える問題をどのように理解し，問題解決に向けていかに支援するか，について考えていくが，これは問題に直面している個人や家族，あるいは支援に携わる人々のみならず，現代を生きる私たち共通の課題と言える。というのも，周囲の無理解や誤った理解が，問題の当事者に生きづらさを感じさせることが少なくないからである。加えて，人々の間に広く問題認識の共有がなければ，支援策は進展しないからである。また，そのよ

うな第三者的な立場を離れて，誰もが当事者たりうるという観点からも，考えておくべき課題と言える。家族を取り巻く状況は大きく変化しており，いま切実な問題を抱えていなくても，いつなんどき家族問題に遭遇するかわからない時代である。とすれば，誰にとっても他人事ではない。

　さて，家族問題と一口に言っても，問題は多岐にわたるが，本書では不登校や非行，DVや児童虐待，介護殺人といった福祉・司法に関わる問題，精神障がいや終末期など医療に関わる問題を取り上げる。もちろん，家族生活の中で生起する問題は，これにとどまるものではないが，いずれも現代的な問題であることに異論はないであろう。

　以下，導入にあたる第1章につづき，第2章では家族問題研究の具体的方法である質的研究法について論じる。その後，家族問題の検討に入り，第3章では「子どもと家族」の貧困について，第4章では学校や生徒の現状として，不登校，いじめ，校内暴力，児童虐待について，第5章では少年による犯罪や非行少年について，その背景とともに検討する。第6章では精神障がい者家族の実状を把握し，第7章では統合失調症である人の家族に対する支援について，その歴史的変遷も踏まえて論究する。第8章では人生の終末期にある人の家族の経験と困難を押さえ，さらに第9章ではその支援のあり方について，「死にゆくこと」の知見に基づいて論じる。

　上記の第3章から第9章で扱うテーマはいずれも現代の家族生活において起こりうる問題であり，多くの人にとって，自分の人生には無関係，と言い切れるものではないだろう。このあとの第10章から第15章も現代的な問題を扱うが，それらは決して起こってはならない問題，社会として早急に撲滅しなくてはならない緊急かつ深刻な問題である。第10章では夫婦間の暴力，すなわちDV（ドメスティック・バイオレンス）の問題構造について，第11章ではDV被害者の支援制度について，暴力から

の女性の解放という視点から検討する。第12章では親から子への虐待問題について，第13章では虐待から子を守るための親権制限について，親子の非対称性を基底にして論じる。第14章では介護殺人の発生状況について，第15章では家族介護者への支援のあり方について，介護殺人事件の事例を手がかりに掘り下げる。

　以上のとおり，本書では，現代の家族問題と家族支援について多角的な考察がなされている。家族問題に対する理解とともに，それを通して，私たちは今どのような社会に暮らしているのか，考えを巡らす機会になれば幸いである。

2019年 8 月

主任講師　下夷美幸

目 次

1 | 現代社会と家族問題

下夷美幸

《**目標＆ポイント**》　本章では，家族問題の現代的な捉え方について理解することを目的とする。人々にとって家族はいかなる意味を持つのか，家族問題とは何か，家族の変化に対してどのような見方をすべきか，現代家族の家族問題をどう捉えるか，について考えていく。

《**キーワード**》　近代家族，家族モデル，社会問題としての家族問題，家族の個人化

1. 家族に対する意味づけ

　家族は個人にとっても，社会にとっても，重要な関心事と言える。戦後日本の家族は大きく変化し，ライフスタイルも多様になってきたが，多くの人々は家族を大切なものとみなしている。[図1-1]は，統計数理研究所が1953年以来5年ごとに実施している「日本人の国民性調査」で，「あなたにとって一番大切と思うものはなんですか」という質問に対する回答結果である[1]。これをみると，1978年までは「生命・健康・自分」と「愛情・精神」の回答が多く，いずれかが一位となっている。しかし，この間に「家族」の回答が大きく伸び，1983年には最も多くなり，以後は二位以下を大きく引き離して，常に「家族」が一位を占めている。

　[図1-2]は，2018年の内閣府「国民生活に関する世論調査」から，「日常生活で充実感を感じる時」の回答をまとめたものだが，これによ

1）「一番大切なもの」についての回答結果が得られるのは1958年以降である。

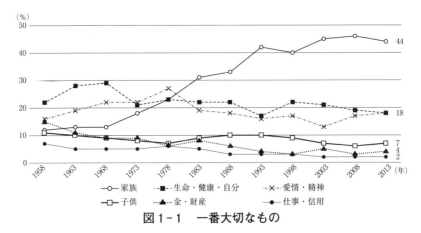

図1-1　一番大切なもの

(注)「あなたにとって一番大切と思うものはなんですか」の回答。なお，「国家・社会」「家・先祖」「その他」はすべての調査年で割合が低いため示していない。

(出典) 中村隆・土屋隆裕・前田忠彦（2015）「国民性の研究　第13次全国調査──2013年全国調査」（統計数理研究所調査研究リポート No.116.）をもとに作成。

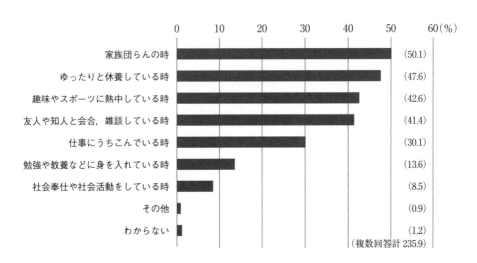

図1-2　充実感を感じる時（2018年）

(注) 日頃の生活のなかで，「十分充実感を感じている」「まあ充実感を感じている」「あまり充実感を感じていない」「どちらともいえない」と答えた人の，「充実感を感じるのは，主にどんな時ですか」に対する回答（複数回答）。

(出典) 内閣府「国民生活に関する世論調査」（2018年6月調査）をもとに作成。

ると「家族団らんの時」が最も多くなっている。過去の同調査を1992年まで遡ってみても，最も多い回答は，やはり毎年常に「家族団らんの時」である[2]。

　また，同年の内閣府「家族の法制に関する世論調査」をみると，「家族の役割」で最も大切なこととしては，「心の安らぎを得るという情緒面」（41.0％）と回答した人の割合が最も高く，これは「子どもをもうけ，育てるという出産・養育面」（27.6％），「日常生活の上で必要なことをするという家事面」（21.2％），「親の世話をするという介護面」（7.1％）を大きく上回っている[3]。

　こうしてみると，多くの人々は家族を肯定的に捉え，家族は価値があるものとみなしているのがわかる。特に，団らんや情緒面などが評価されており，家族は幸福と結びつくものとして観念されていると言えよう。このような家族に対する観念は社会的に広く共有されており，たとえば，ニュースで行楽地の家族連れの様子が報じられると，人々はそれを幸せな生活の一場面として受け止め，また，夫婦間や親子間の殺傷事件に対しては，「なぜ，家族でこのようなことが起こるのか」「家族なのに信じられない」と反応する。

　このような家族観は，「近代家族」と呼ばれる家族概念に基づくものである。近代家族とは，前近代の家父長的な家族に代わり，近代以降に登場した家族のことで，落合恵美子はその特徴として，家内領域と公共領域の分離（家庭と市場の分離），家族成員相互の強い情緒的関係，子ども中心主義，男は公共領域・女は家内領域という性別役割分業，家族の集団性の強化，社交の衰退，非親族の排除，核家族の8点を挙げている（落合 1989：18）。

　具体的にいえば，近代家族とは，男女が愛情によって結ばれ，結婚し，二人の愛の結晶として子どもが生まれ，「夫婦と子ども」からなる核家

2）　内閣府「国民生活に関する世論調査」（2018年6月調査）の参考資料による。
3）　内閣府「家族の法制に関する世論調査」（2018年1月調査）による。

族となり，「夫は仕事，妻は家事育児」という性別役割分業に基づき，両親が愛情を込めて子どもを養育する家族，ということになる。こうして，営まれる家族生活の場が「家庭」であり，家庭は「家族団らんの場」とみなされる。

　また，このような特徴を持つ近代家族は，近代産業社会に適合的なものとみなされていた。つまり，近代家族は社会や経済に対しても機能的で，全体社会と調和し，安定的に存在するものとして自明視されていたと言える。

2. 家族問題とは

　日本でも高度経済成長期を通じて，性別役割分業型の核家族が形成され，以後，近代家族が「あるべき家族像」，すなわち「家族モデル」として社会に定着していくが，近代家族が社会に適合的であるという前提は幻想であり，実際の家族は，すでに高度経済成長期から問題を抱えていた。1970年代に入り，高度経済成長による様々な社会問題が明らかになるにつれて，家族の問題も表面化し，そうした問題状況への社会的対応が認識されるようになる。まさに，「社会問題としての家族問題」の出現である。

　では，社会問題としての家族問題とは何をさすのだろうか。家族問題の概念規定は論者によって様々で，社会問題としての家族問題についても統一的な定義は存在しない。広義には「家族に因果関係をもって発生し，庶民一般の関心を一時的または長期的に呼んだ社会問題」（湯沢1981：153）というものもあるが，これでは家族問題の対象が広範にわたりすぎ，家族問題固有の意味がつかめなくなる。

　現時点で有用な定義としては，庄司洋子が1999年刊行の『福祉社会事典』（弘文堂）の「家族問題」の項で示したものが挙げられる。庄司は，

「社会問題のカテゴリーの1つとしての家族問題は，家族にかかわる諸問題のうち，何らかの社会的・政策的な対応を求められるようになったものをさす」としたうえで，「ある状態を家族問題として最終的に認識するのは，政策主体としての国家や自治体」であり，そうした政策主体の問題認識は，「家族の機能をどう捉えるかという認識とかかわっている」と述べている。つまり，個別の家族が抱える問題がすべて家族問題として認識されるわけではなく，「社会一般が家族に対して期待する機能が十分に果たされない状況」が生じ，政策主体が「そこに何らかの対処が必要であると認識」して，はじめて家族問題になる，ということである（庄司 1999：141）。

　よって，政策主体が問題を認識し，対処を政策課題として設定するかどうか，が重要な鍵となる。とすると，当然のことながら，家族が問題状況に至っている事態を，政策主体が認識するまでにはタイムラグが生じ，問題状況が長期間放置される危険もある。また，政策主体が問題を認識し，対処を講じたとしても，その対処が妥当なものであるとは限らない。特に，財政状況や政治情勢によって，政策主体のとる対処が家族の実態に即していないとなれば，家族問題はいっそう深刻化する。たとえば，1970年代後半，すでに高齢者問題や共働き問題が家族問題として認識されていたが，財政上の制約から「福祉見直し」の議論が高まるなか，政府与党は「家庭基盤の充実」をうたい，老親扶養と子どもの保育を家族の責務とする方針を打ち出すなど，いわゆる「日本型福祉社会」の方向に福祉政策を転換する。そこでは，家族機能を強化し，家族への社会的支援を抑制する政策が進められていったが，それは家族の実態と乖離（かいり）したものであり，問題の解決策にはなりえなかった。

　したがって，家族問題に関しては，タイムラグをできるだけ生じさせないよう，政策主体によって未だ認知されていない問題であっても，そ

の実態を検討し，支援の必要性を説得的に示すことで，政策主体に家族問題としての認識を迫ることが必要である。また，すでに政策主体によって家族問題として認識され，社会的対処がなされていても，その実効性を検証し，結果次第では，政策主体に対処の改善を求めていく必要がある。なお，社会的支援のあり方は多様であり，支援の実施主体も公的機関とは限らないが，支援の担い手が民間団体等の場合でも，財政支援や規制の面において，国家や自治体が公的責任を果たすべきことは言うまでもない。

3. 家族変動と家族問題の捉え方

（1） 家族変化の捉え方

　家族問題は，社会の変化に伴い家族が変化するなかで生起する。よって，家族の変化をどう捉えるかによって，家族問題に対する認識も異なってくる。渡辺秀樹は，家族変化に対する見方を次の4つに整理している（渡辺 1990：13-15）。

　第一は，変化を家族の危機，あるいは家族の崩壊と捉えるものである。この見方によると，離婚やひとり親家族，共働き家族など，性別役割分業型の核家族ではない家族が増加することは，家族の危機，崩壊とみなされる。ここでは，いかにして変化を食い止め，本来のあるべき家族を回復させるか，が課題となる。

　第二は，従来の家族モデル（すなわち，近代家族）から新しい家族モデルへの移行期，もしくは過渡期と捉えるものである。ここでは，家族の危機や崩壊のように見える現象は，過渡期の変化に伴う混乱にすぎず，それは一時的なもので，いずれは解消するとみなされる。たとえば，日本でも戦後の民法で家制度が廃止され，直系家族制から夫婦家族制に移行したが，その際，家族に生じた混乱は，夫婦家族制が定着すれば解消

するとみられていた。

第三は，一つの支配的な家族モデルの時代から，いくつもの多様な家族モデルが共存する時代への変化と捉えるもので，この見方によれば，家族の変化は家族の多様化とみなされる。つまり，家族の変化は危機的なものでも，一時的なものでもなく，家族は常に多様に変化するものであり，人々は様々な家族をそれぞれが選択しながら経験していく，という見方である。よって，ここでは離婚やひとり親家族も多様な家族の一つということになる。

第四は，家族モデルは普遍的，固定的なものではないという立場から，家族モデルの相対性，可変性を強調し，変化を捉えようとする見方である。これは主に，歴史社会学や社会史の知見に基づくもので，ここでは家族は時代や文化によって異なるものとみなされ，家族の変化はその時代的，文化的背景のもとで捉えられる。

これらを大きく特徴づけると，第一と第二の見方は，基準となる特定の家族モデルを設定し，第三と第四の見方は，基準となる特定の家族モデルを設定することなく，家族の変化を捉えるものである（渡辺1990：15）。家族モデルを設定するか否かという点は，さらに家族問題に対する認識に大きく影響する。

（2） 近代家族モデルと家族問題

戦後の日本の家族に関しては，従来，研究者も近代家族を家族モデルとしており，家族を専門的に研究する家族社会学においても，かつては，暗黙の内に近代家族が家族モデルとなっていた。たとえば，1983年刊行の『新しい家族社会学』（培風館）は，基本的な家族社会学の教科書として広く採用されてきたものだが，そこでは「家族とは，夫婦・親子・きょうだいなど少数の近親者を主要な構成員とし，成員相互の深い感情的包絡で結ばれた，第一次的な福祉追求集団である」と記述されている

（森岡・望月　1983：3）。

　これは森岡清美による家族の定義であるが，その内容は3つのパートからなる。第一のパートでは家族の構成面として，まず夫婦から始まり，夫婦に子どもが生まれて親子となり，さらに二人目以降の子どもが生まれてきょうだいとなること，そしてその夫婦と子どもが家族の核となることが説明されている。要するに，家族とは「夫婦と子ども」からなる核家族である，ということである。つづく第二のパートでは関係面として，家族のメンバーは互いに情緒的に深く結ばれていることが示されている。つまり，家族とは情緒的な結合関係である，ということである。ここからは，「家族の絆」が想起されよう。そして最後の第三のパートでは機能面として，家族の存在理由が幸福追求にあることが端的に規定されている。これは結局，家族とは良きものである，ということである。

　このように，森岡の家族の定義は，近代家族の定義にほかならない。しかし，これはあたかも普遍的な家族の定義であるかのように扱われ，近代家族の概念が議論されるようになるまでは，家族の定義として定着し，多用されていたものである。そして，この家族モデルを基準に家族問題も捉えられてきたと言える。すなわち，近代家族とのズレが家族問題とみなされ，その社会的対処が論じられてきたのである。

（3）　近代家族モデルと家族病理

　近代家族は普遍的な家族としてのみならず，健全な家族としてモデル化されており，近代家族とのズレは，家族の病理とみなされていた。たとえば，1976年刊行の『改訂・家族社会学』（川島書店）を見てみよう。これは，家族社会学の総合的な教科書だが，1967年に刊行された旧版『家族社会学』を改訂したもので，その特色は，旧版同様，家族・親族の社会学的分析にとどまらず，「家族問題についても若干の章を設け，とくに考察をすすめている点」にあるという（大橋・増田　1976：i）。

I	家族の形態	IX	青年と中年
II	家族の機能	X	現代家族と老齢者問題
III	家族の内部構造	XI	共働き家族
IV	婚姻の概念と類型	XII	欠損家族
V	結婚と夫婦関係	XIII	離婚と家出
VI	親子関係としつけ	XIV	自殺と心中
VII	親族関係	XV	家族研究法
VIII	嫁姑関係		

図1-3　『改訂 家族社会学』（1976年）の目次

（出典）大橋薫・増田光吉編『改訂 家族社会学——現代家族の実態と病理』（1976年，川島書店）をもとに作成。

　［図1-3］は同書の目次から各章のタイトルを列挙したものだが，そこには「XII　欠損家族」とある。同書でその内容をみると，第1節の「欠損家族の定義」では，「社会集団としての家族は，少なくとも夫婦のいずれかが，死亡，離婚，別居，遺棄，家出，交通事故，労働災害などの原因によって欠けて，夫婦健在で，よき人間関係が保たれている家族と比べて，物質的，精神的安定性をなにほどか失い，家族の基本的機能の一部を欠如するとき，一般に欠損家族（broken family, broken home）と呼ばれている。そして，家族の欠損によって，家族機能に障害が生じ，他の家族員のいずれかに逸脱行動があらわれ，家族の集団的統一性に障害を生じるばあいに，欠損家族は問題視される。」と述べられている（光川 1976：221）。

　続く第2節「欠損家族の病理と実態」では，現代家族としての欠損家族は，「諸種の家族病理が派生する可能性が大きい」として，「欠損家族の生活病理が問題視されなければならない」と指摘されている。そして，欠損家族の生活病理については，「通常，家族構成の主軸である夫婦（子どもにとっては両親）のいずれか一方，あるいはその両方の欠損によって，家事，子どもの養育や教育など，家族の重要な機能に障害が生じ，

その結果，疾病，家出，心中，親族殺傷，子どもの非行，長欠など逸脱行動ないし逸脱現象の発生する過程をいう」と述べられている（光川1976：222）。ここには，「夫婦と子ども」からなる核家族を基準とする見方が明確に示されている。そして，夫婦が揃っていない状態は家族の機能障害と捉えられ，それは「逸脱」に至るものとみなされている。

　さらに同書では，欠損家族の類型として，「母子家族」「父子家族」「欠親家族」の３つが挙げられているが，具体的な説明をみると，母子家族とは「夫婦健在の家族に比べると，主たる生計担当者を欠き，配偶者関係では愛情や理解の対象者を喪失し，子どもにとっては，父親による愛情と社会化を欠如し，人格形成上必要な父性的要素を欠く家族」とある。父子家族についても同様で，そこでは「主たる家事・育児担当者」と「情緒的な母性的要素」の欠如が説明されている。また，欠親家族については，「主たる生計担当者と主たる家事担当者」及び「父性愛，母性愛」を欠く「もっとも不幸な家族」と記されている（光川　1976：226-228）。いずれについても，性別役割分業やジェンダー役割を伴う，「夫婦と子ども」からなる核家族を基準に，欠損状態が判定されており，その欠損は病理や逸脱に帰結するものとして論じられている。

　こうしてみると，明らかに近代家族が家族モデルとなっているのがわかる。しかもその近代家族は，健全な家族であり，近代家族と一致しない家族は，問題のある家族，病理家族とみなされている。このような家族の捉え方は，同書のみならず，家族社会学の関連分野でも同様であり，さらに広く社会にも普及し，定着していたものと言える。もちろん，現在の家族社会学では，このような欠損家族といった見方はとられていない。

4.「家族の個人化」と家族問題

　すでに人々のライフスタイルは多様化しており，近代家族モデルの限界は明らかである。

　実際，性別役割分業型の核家族は多数派ではなくなっている。[図1-4]のとおり，夫婦共に雇用者の共働き世帯は年々増加し，1997年には共働き世帯が片働き世帯（夫が雇用者で妻が無業）を上回り，以後，その格差はいっそう広がっている。意識の面からみても，女性が職業を持つことに対する考え方は変化しており，2016年に内閣府が実施した「男女共同参画社会に関する世論調査」では，「一般的に女性が職業を持つこと」について，「子どもができても，ずっと職業を続ける方がよい」と考える人が最も多く（54.2％），「子どもができたら職業をやめ，大き

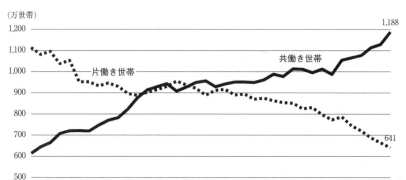

図1-4　片働き世帯と共働き世帯

（注）「片働き世帯」は「男性雇用者と無業の妻からなる世帯」をさし，夫が非農林業雇用者で，妻が非就業者（非労働力人口及び完全失業者）の世帯。「共働き世帯」は「雇用者の共働き世帯」をさし，夫婦ともに非農林業雇用者の世帯。2011年は岩手県，宮城県及び福島県を除く全国の結果。
（出典）内閣府「男女共同参画白書」（2018年版）をもとに作成。

くなったら再び職業を持つ方がよい」（26.3％）を大きく上回っており，「子どもができるまでは，職業を持つ方がよい」（8.4％），「結婚するまでは職業を持つ方がよい」（4.7％），「女性は職業を持たない方がよい」（3.3％）は少数派となっている[4]。

また，世帯構成も大きく変化しており，世帯全体からみれば，もはや「夫婦と子ども」からなる核家族は多数派とは言えなくなっている。[図1-5]は家族類型別の世帯割合について，1970年から2015年までの推移を示したものだが，これを見ると，「夫婦と子ども」世帯は1970年には4割を超えているが，以後大幅に低下し，2015年は26.8％にすぎない。

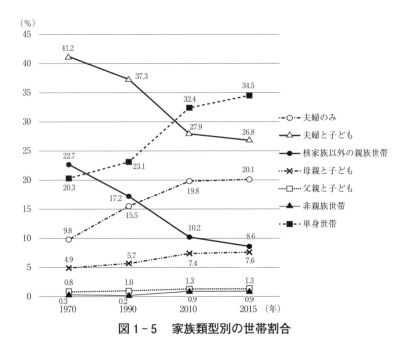

図1-5　家族類型別の世帯割合

（注）「核家族以外の親族世帯」とは，「夫婦のみ」「夫婦と子ども」「父親と子ども」「母親と子ども」以外の親族世帯をさす（たとえば，三世代同居世帯など）。
（出典）国立社会保障・人口問題研究所「人口統計資料集」（2018年版）をもとに作成。

4）　内閣府「男女共同参画社会に関する世論調査」（2016年9月調査）による。

一方，「単身世帯」はこの間に急上昇し，2015年は34.5％と最も高く，日本の世帯全体の３分の１以上は単身世帯という状況である。単身世帯と同じく増加しているのが「夫婦のみ」世帯である。これらの動きは，少子高齢化や未婚化の影響によるとみられる。

　そこで，子どものいる世帯についてみると，［図１-６］のとおり，2015年の「国勢調査」の結果，18歳未満の子のいる世帯では，「夫婦と子ども」が７割以上を占め，多数派となっている。ただし，「母親と子ども」と「父親と子ども」を合わせて「ひとり親世帯」としてみると，ひとり親世帯が１割を占めているのがわかる。特に，子どもの年齢が高い世帯ほど「ひとり親世帯」の割合が大きくなっており，６歳未満の子のいる世帯では５％程度であるが，15歳から18歳未満の子のいる世帯では18％を超えている[5]。このように，ひとり親世帯はすでに一定の割合を占め，子どもが経験する一つの家族のあり方となっている。こうした現実からも，かつてのような欠損家族という見方が妥当性を欠くことは，改めて指摘するまでもない。

　このように，現実の家族は近代家族モデルとは異なる様相をみせており，こうした家族の動向は，「家族の個人化」として論じられている。「家族の個人化」は多義的な概念だが，そのキーワードは「個人の選択」であり，平たくいえば，人々の家族にかかわる行動が，これまでのように規範によるのではなく，個人の選択に委ねられるようになっていくことである。

　山田昌弘は，近代社会の転換論を踏まえたうえで，「家族の個人化」論を展開しているが，そこでは「家族の個人化」が２つのレベルに分けて論じられている。山田によると，一つは「家族の枠内での個人化」で，家族の選択不可能性や解消困難性を保持したままで，家族形態や家族行動の選択肢が広がることである。もう一つはさらなる個人化で，家族関

---

5)　なお，これは「国勢調査」における世帯の調査結果であり，「父親と子ども」「母親と子ども」の世帯がすべて，未婚，死別，または離婚による父子世帯，母子世帯とは限らない。何らかの理由で一方の親が別居している場合も考えられる。

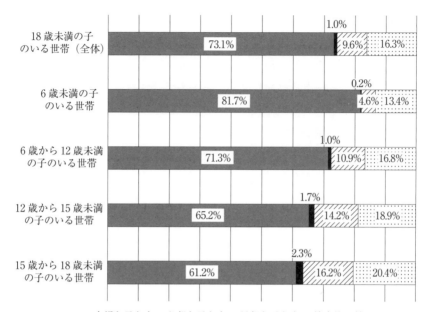

図1-6　子どもの親族のいる世帯の家族類型（2015年）

（注）家族類型別一般世帯数のうち，「親族のみの世帯」より算出。
（出典）総務省「国勢調査」（2015年）をもとに作成。

係自体を選択したり，解消したりする自由が拡大することであり，山田
はこれを「家族の本質的個人化」と呼んでいる（山田 2004）。このうち，
「家族の枠内の個人化」レベルでは，家族の形成や維持が前提となって
いるが，「家族の本質的個人化」レベルになると，家族の形成や解消も
個人の選択に委ねられることから，家族を営むことは当たり前ではなく，
個人の意思によることになる。

　日本においても，すでに家族の形成・解消の選択を含むレベルで，個
人化が進行していると言えよう。しかし，それにより，家族が完全に個
人に分解するとは考えにくく，今後も多くの人々が他者と親密な関係を

結び，家族として共に生きていくことを求めると言える。また，社会の側でも，とりわけ子どもの養育において，家族に代わる望ましいシステムを用意できない以上，家族というシステムを維持することは必須である。

「家族の個人化」という現代家族の情勢を踏まえれば，家族モデルという考え方自体が「個人化」と相容れないことは明らかである。もはや，家族モデルを基準に家族問題を捉えられる時代ではない。現代においては，多様な家族のあり方が承認され，家族をめぐる人々の選択が十分に保障されることが重要である。しかし，その選択によって生じる差別や社会的排除，また，家族内の特定のメンバーにもたらされる不利益や生きづらさがあれば，それは現実的な選択肢とはなりえない。家族をめぐる人々の選択を阻む問題状況を，社会問題としての家族問題として捉え，その解消のために社会的支援を行うことが必要である。

とりわけ，家族に子ども，高齢者，障がい者，病者など，本人だけでは自立生活が困難なメンバーを含む場合，そのようなメンバーを支えながら共に生きようとする家族自体が，困難を抱えることも少なくない。このような家族に向けて社会的支援を行うことは，当事者たる人々にとってのみならず，家族の存在を必要とする社会にとっても肝要である。もちろん，自立が困難な個人に対しては，自立のための環境を整え，その生活を保障する公的責任が十分に果たされるべきことは言うまでもない。求められるのは，そうした基盤のうえでの家族支援である。

社会的な家族支援が，社会の家族依存にならないよう，言い換えれば，家族の責任や役割を強化することのないよう，細心の注意を払いながら，社会問題としての家族問題の実態を明らかにし，家族支援のあり方を探求することは，現代社会における重要課題の一つである。

参考文献

・光川晴之（1976）「欠損家族」大橋薫・増田光吉編『改訂 家族社会学——現代家族の実態と病理』川島書店：221-238.

・森岡清美・望月崇（1983）『新しい家族社会学』培風館.

・落合恵美子（1989）『近代家族とフェミニズム』勁草書房.

・大橋薫・増田光吉編（1976）『改訂 家族社会学——現代家族の実態と病理』川島書店.

・庄司洋子（1999）「家族問題」庄司洋子・木下康仁・武川正吾・藤村正之編『福祉社会事典』弘文堂：141.

・渡辺秀樹（1990）「家族変動のなかの家族問題」岩内亮一編『社会問題の社会学』学文社：13-32.

・山田昌弘（2004）「家族の個人化」『社会学評論』54（4）：341-354.

・湯沢雍彦（1981）「日本の家族問題の社会学」湯沢雍彦編『家族問題の社会学（ライブラリ社会学 2）』サイエンス社：153-197.

2 | 家族問題への研究アプローチ —質的研究法に焦点をあてて—

南山浩二

《目標＆ポイント》　ここでは，家族問題研究の方法として質的研究法をとり
あげ，社会調査法における質的研究法の位置づけや特色をふまえたうえで，
今日の家族問題研究における質的研究法の課題や意義について理解を深め
る。
《キーワード》　家族問題，質的研究法，量的研究法，ナラティヴ・アプローチ，
無知の姿勢，研究倫理

1. 家族問題研究と質的研究法

　本章では，家族問題研究の具体的方法である質的研究についての理解
を深めることとしたい。「高齢化率が上昇している」「要支援・要介護認
定者数は増加している」といった具合に，日々，私たちは，様々なメデ
ィアを通じて，社会調査の結果を見聞きしている。数値やその増減傾向
といった調査結果を通じて，社会の実情について知ることができるので
ある。

　他方，いわゆるアンケート調査といった数量的方法では把握しにくい
個々の事例の個別性や多様性，主観的側面とその変容過程などを詳細に
記述し把握していく調査方法が，質的研究法であり，今日の家族問題研
究において多用されている方法であると言える。

　クライエントや患者，家族といった専門的支援の対象者の自己決定や

ニーズが重要であるとの認識が，今日，ますます強まっていることもあり，個々の対象者の生活や人生を詳細に把握・理解しうる方法として，医療や福祉などの専門家の間でも，質的研究法への関心の高まりを認めることができる。ここでは，社会調査法における質的研究法の位置づけや特色もふまえたうえで，家族問題研究における質的研究法の意義や課題について考えていくこととしたい。

2. 社会調査と質的研究法

（1）「解釈的探求」としての社会調査

　社会学の関心は，大まかに言って，私たちをとりまく「社会」「社会現象」「社会問題」を記述し，その仕組みや成り立ちを明らかにすることにある。その際，「あたりまえ」「思い込み」から距離をおき，可能な限り明確な問題提起によりながら，結論を導き出すために必要な証拠を収集していくことが重要となる。

　まさしく，社会調査（social research）は，何らかの方法に基づき，証拠となるデータを収集し分析するための技法であると言えるが，さらに，得られたデータやその分析に基づき，社会を「解釈的に探求する」ことを目指すものでもある（盛山 2004）。経験的に得られたデータが，自動的に，社会的世界の何かを私たちに示してくれるわけではない。データに向き合い，データの意味やその背景要因を探求していく作業を通じて，初めて，データが「社会的世界」を教えてくれると言えよう。

（2）　量的研究法と質的研究法

　社会調査には様々な種類があり分類も一様ではないが，盛山（2004）によれば，1）目的に沿った分類，2）方法に沿った分類，3）対象項目に沿った分類，4）対象主体に沿った分類，が可能である。1）によれば，社会学・人類学・経済学などといった各学問領域における「学術

調査」と，官庁統計や世論調査，市場調査や各種実態調査などの「実務的調査」に分けられる。2）の分類では，調査票調査，聞き取り調査といった各手法による分類，統計的調査か非統計的調査かという統計的手法を用いるかどうかの分類，などが可能である。そして，3）の分類は，まさに調査の対象となるトピックに基づく分類であり，人口統計，経済統計，（狭義の）社会統計，などに分類しうる。そして4）の分類は，調査対象範囲による分類であり，個人調査，世帯調査，組織調査等に分類できる。

　すでに述べた分類の仕方のうち，2）の方法による分類によれば，社会調査は，大別して量的研究法と質的研究法に区分されることが多い。量的研究法（quantitative research method）は，概して，数値データと統計学的手法に基づいて社会現象を解析する研究方法の総称として用いられ，質的研究法（qualitative research method）は，量的研究法に比べてあまり定型化されない方法でデータを集め，主として言葉による記述と分析を行う調査法であると言われる。また，前者は，既存の理論や他の調査により明らかになった知見に基づき仮説を導出し，データにより検証しようとする演繹的方法としての性格を持つ場合が多く，後者は，データの集積と検討を通じて一定の理論を生成しようとする帰納的方法としての特徴を有する場合が多いとも言われている。

　こうした2つの方法の諸特徴はあくまでも目安として示されている点に留意が必要であるが，両者の明確な違いとして，量的研究法の場合は，対象となる集団の全体的傾向を数量的に捉えていくことに目的があるのに対して，質的研究法の場合，個々の事例に重きを置きながら，社会現象を捉えていこうとする点が挙げられる。

（3）　質的研究法への関心の高まり

　社会学研究全般を見てみても，質的研究法を用いた数多くの研究が，

様々な領域で行われている。では，今日，なぜ，質的研究法が関心を集めているのだろうか。それは，社会の急速な変化を背景とし生活世界が多元化している今日，私たちが経験する社会現象は，もはや「当たり前のもの」とは言えなくなっていることに理由がある。なぜなら，こうした状況において，既存の理論モデルから導出された仮説を実証データに基づき検証する演繹的方法では，「未知の現象」に充分接近できないという限界があるからである。ゆえに，帰納的な研究戦略としての特徴を有する質的研究が「取り得る別の道」として注目を浴びているのである（Flick 1995＝2011）。

　なお，質的研究法には，主に，インタビュー法，観察，ドキュメント分析がある。

　インタビュー法は，一般に「質問の設定」の仕方を基準にして類型化される。調査にあたって「何を聞くべきか」が事前に明確化されており，研究者が一定の仮説を検証しようとする場合などでは，あらかじめ質問群を設定した構造化インタビューを行うことになる。一方，どちらかと言えば「語られる」事柄から何かを発見していこうとする志向性が強い場合，あまり具体的な質問群を事前に用意しないインタビューとなる（＝非構造化インタビュー）。なお，インタビュー対象者の数などによって類型化する場合もある。

　観察は，フィールドにおける観察を通じて，対象となる個人の行為や集団における相互作用のありよう，その社会的背景などを明らかにしていく方法である。社会学では，完全な観察者として観察を行うよりも，程度の違いはあるものの，自分が記述・把握したいと考えている社会現象が生起しているフィールドに入り，その現場において展開される社会関係に関わりを持ちながら観察を行う方法を採用する研究がよく見られる。このような観察を参与観察（participant observation）と呼ぶ。

　そして**ドキュメント分析**である。インタビューや参与観察が，具体的な個人を対象とする方法であったが，この方法は，人々が何らかの形で作成した記録を採集し一定の枠組みから分析していく手法である。ドキュメントとは記録という意味であり，使用される素材は，雑誌記事・新聞記事・本・各種社会機関や団体等による記録や，ホームページやブログ・手紙・写真・映画・テレビ番組や CM・音声など多岐にわたる。なお，新聞記事や国会等の議事録などデータベース化されているドキュメントもあり，そうしたシステムを使用すれば一定のトピックや用語に基づいた検索を行うことが可能である。

3.　家族問題への視角の変容と質的研究法

（1）　家族問題への視角の変容

　「家族問題」「家族危機」に対する視角は，「問題」「危機」の原因の所在の求め方を基準にすれば，主に2つのタイプが挙げられる。おおむね，家族問題への社会学研究では，以下に列挙する前者の議論から後者へと視点が移行してきたと言える。

　1つは，家族の理想型（＝「本来のあるべき姿」）が崩れつつあるという意味で「問題」「危機」を捉え，その要因を家族内の人間関係や特定の家族成員に帰属していく立場であり，かつての家族病理学における「家族問題」への主要な視角である。戦後から1970年代くらいまで，「近似的等式として，『非標準的家族⇔問題家族』が成り立っていた」ことが想起できることや，当時主流をしめていた社会学理論である構造－機能主義の影響などを背景（山田 2000）に，「家族問題」に対するアプローチとして採用され続けてきたものであった。しかし，この視角は，一定の家族モデル（＝近代家族）からのズレに「家族問題」の原因を見出そうとするものであり，「標準となる家族には問題はない」という前提

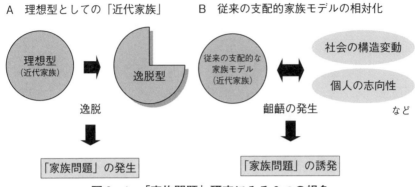

図2−1 「家族問題」研究にみる2つの視角

(注) 山根 (2000) の議論を参考に筆者が作成。

にたち，また，その記述は，ズレがあるか／ないか，という静態的な記述にとどまるものであったと言えよう。

　そして，第2の視角が，一見してネガティブに見える現象が「家族」という場で生じているように見えるが，それは，従来支配的であった家族モデルが社会の構造変動や個人が志向する家族的関係と合わなくなってきたことに伴って表面化した徴候であるとする見方（山根 2000）である。

　家族問題への第1の視角が理想の家族モデルとした近代家族とは，結合と関係の主要な原理が愛情，役割関係は性別役割分業，家族形態は夫婦と未婚子からなる核家族といった特徴を有する家族であった。しかし，今日では，こうした家族にとどまらない関係やライフスタイルが存在しているのである。自発的・選択的にシングルにとどまる人々も少なからず存在する。女性の社会進出の進展を背景に，男性―稼得役割／女性―家事役割といった固定的な性別役割分業をこえた夫婦関係のあり方もより普遍化しつつある。異性愛主義をこえたセクシュアリティやカップル

も存在する。このように，家族を営むかどうか，あるいはどのような家族を営むかどうかについての個人の選択可能性の高まり（＝家族の個人化現象）などを背景に，家族の多様化傾向は進行していると言えるが，第2の立場は，こうしたある意味新たな家族のありようの出現を，即座に「家族問題」「家族危機」とイコールとしない視角なのである。

　有職女性の育児ストレスと不安や困難を事例に2つの視角を比較しよう（[図2－1]を参照）。第一の視角に立つならば，男が働き女は家事・育児・介護といった性別役割分業観を前提に，母親が仕事をしているゆえに充分に子育て役割を遂行できないことなど，母親個人に原因が帰属されやすく，「現代の母親はあたりまえのこと（＝子育て）ができない」「我慢が足りない」といった母親が，有職者であることや母親の未熟さにその理由を求める議論が展開されやすい。しかし，第2の視角に立つならば，有職者であったとしても，過重な子育て責任を母親一人に課す家族や社会のあり方が原因だということになる。よって，社会的な子育てサポートや子育てへの男女共同参画を促進する条件の整備が必要との主張へと結び付いていくのである。

（2）　家族問題研究における質的研究法

　こうした視角の変容に伴い，質的研究法を用いた家族問題研究の重要性が再確認されるようになっているのである。それはなぜだろうか。たしかに，医療や福祉などのヒューマンサービスの専門家が，クライエントや患者といった人々が置かれた状況を捉え記述してきた様々な実践的手法と質的研究法の技法は重なる部分が大きいと言えるだろうし，従来，「家族問題」への社会学研究においても質的研究方法は採用され続けてきた手法だと言うこともできる。しかし，今日の家族問題研究における質的研究への関心の高まりの背景には，さらに新たな理由が存在していることを確認する必要がある。

34

　まず，１つは，家族をめぐっても「未知の現象」が生じているということである。離婚と子連れの再婚により形成される，血縁関係にない親子関係やきょうだい関係を含む「ステップファミリー」を例に取り上げよう。離婚率が高く結婚に価値が置かれているアメリカ社会では，ステップファミリーは，すでに常態化・普遍化した新たな家族の形として社会的に認識されており，研究の蓄積も多い。他方，日本社会に目をやれば，ステップファミリーの研究は始まったばかりであり，新たな家族の形という社会的認識も乏しい状況にあると言えるだろう。とするならば，アメリカにおける研究蓄積を参照するとしても，ステップファミリーの様態と内実を，日本社会という歴史的・社会的文脈に位置づけつつ新たに理解していくことが求められるのである（野沢　2005）。

　このような理由にも重なるが，今１つは，すでにふれた家族問題研究の視角の変化，すなわち，一定の家族モデルからの逸脱を家族病理とみる立場から，「家族」を動態的に捉えようとする立場への「家族問題」研究の視点のシフトに関連した理由である。一定の家族像を前提とせず，「家族」の本質的定義を放棄するならば，人々が，「家族」をどのように意味づけ，営んでいるかといった接近方法が１つの方途として浮上するのである。「個人」を基点に「意味」「行為」を探索し，そして，相互作用を通じて「家族」がどのように立ち現れ，その結果，個々人にとって「家族」が如何なる意味をもっているのかを捉えようとする試みであるとも言えるだろう。こうした関心からしても，データの集積と検討を通じて一定の理論（＝ここでは「家族」とは何かということを説明する命題群）を生成する帰納的方法である質的研究法が有効であることが理解できる。

（3）　留意点

　もちろん，上記のように新たなステージに移行した「家族問題」研究

にも課題がある。清水新二は，近代家族モデルが克服された家族制度が
到来すれば，全ての"家族問題"が解消するわけではないと指摘する（清
水 2000）。つまり，「理想的とされた家族（＝近代家族）」をこえること
で，本当に「家族問題」は解消しうるのかという問いである。近代家族
問題論は，近代家族がはらむ構造的問題を指摘し，社会的支援の必要性
を説くとともに，「家族問題」をのりこえる1つの方途として家族の多
様化を論じた。しかし，近代家族をこえた「家族」が登場すれば，子育
て，介護，個人の安寧などをめぐって生じている「家族問題」が，同時
に解消されうるとは断言できないのである。

　留意すべき点は他にもある。まず挙げられるのは，個人化をめぐる問
題である。家族の多様化の背景には家族をめぐる個人の選択可能性の高
まりがあることを指摘したが，如何なる条件下においても個人の選択の
優位性が妥当であるかどうかである。たとえば，どのような家族を営む
かということをめぐっては，個人的資源（保有している勢力や経済的条
件，自立能力など）を豊富に持つ者の意図が優先されやすく，資源状況
が相対的に劣位にある個人のニーズは反映されにくいことが考えられ
る。その結果，個人の選択が，他者の基本的人権・ニーズを阻害するこ
ともありうるだろう。

　そして，如何なる「個人」像を前提としているかといった点について
も検討しておく必要もあるだろう。一定のモデルを前提としない時代の
家族研究が，「個人」「意味」などに基点を置き議論を立ち上げようとす
る場合，意図する／意図しない，（存在を）認識している／認識してい
ない，にかかわらず，一定の個人像―たとえば，成人で〈自律〉〈自立〉
〈労働〉などの能力を持つ「個人」―を前提としてしまう危険性である。
一定の個人像を設定するということは，あてはまらない人々を，議論の
射程から排除してしまうことになるということにも留意が必要である。

（4） 具体的方法

　家族問題への接近方法として，既述したような試みが浮上していると
するならば，既に示した質的研究の具体的な方法はどのように採用する
ことができるだろうか。ここでは，参与観察とドキュメント分析につい
て検討しよう。なお，インタビュー法については，節を改めて詳しく論
ずることとしたい。

①　参与観察

　調査者が「家族」に分け入り，「家族問題」の発生の過程やメカニズ
ムについて直接観察することは，現実的には実施困難な方法である。な
ぜなら，「家族」は，まさに私的空間ゆえ，そもそもよそ者である調査
者が介入することが困難な場であるからである。このような理由から，
「家族」そのものを観察対象とするよりは，家庭以外の場で，「家族」「家
族問題」に関わる場面や集団の相互作用を観察することが多いと言える
だろう。

　たとえば，高齢者を介護する家族の会の例会に参加し，参加者家族の
発言や相互のやりとりなどを観察し，そうしたデータの集積と分析を通
じて，家族にとっての「家族」や「介護問題」の意味，家族の会の構造
や果たしている機能を明らかにするということもできるだろう。また，
医療や福祉の専門家等のカンファレンスに参加し，支援対象となるクラ
イエントや家族に関わる彼らのやりとりなどを観察することで，専門家
によって「家族」や「家族問題」がどのようなものとして意味づけられ
支援の対象として位置づけられていくかといったプロセスを明らかにす
ることもできるだろう。

　なお，こうした参与観察の場面では，そこに居合わせた人々の語りを
傍らで聞くことも，あり得ることである。しかし，そうした形で得られ
た語りデータのみでは，人々が「家族」や「家族問題」等についてどの

ように捉え意味づけているかといった主観的世界を充分理解できないことが多いため，別途インタビュー法を実施する場合がある。

② ドキュメント分析

　ドキュメント分析は，社会問題への構築主義的アプローチの立場から採用されることがある。社会問題への構築主義的アプローチとは，「社会問題」を客観的に存在するものとしてではなく，集合的企図とクレイム申し立て活動の産物として捉える立場である。「社会問題」は，ある状態が確かに存在し，その状態が「問題」であると定義する人々の活動であり，こうした活動を通じて，ある状態が社会問題としてつくられていくとする議論である（Kitsuse & Spector 1977＝1990）。

　この視点に立てば，DV，児童虐待については次のように捉えることができる。「人権」「自由」「平等」などの諸価値のもと，夫婦関係や親子関係という私的関係において生じている暴力をDVあるいは児童虐待というラベルの付与により可視化し告発していく活動を通じて，社会的対応が必要な「社会問題」がつくられていくことになると言える。この「社会問題化」の過程を記述・考察していくにあたっては，学術論文，審議会や議会の議事録，新聞などのメディア報道の記録などといったドキュメントが用いられる。

4. ナラティヴ・アプローチ
――インタビュー法を用いた研究――

　それでは，インタビュー法を用いた研究の可能性について検討しよう。現代思想全般における「言語論的転回」「物語論的転回」といった動向のなかで，人間や社会を捉える視点としてナラティヴ（＝「語り」「物語」）への関心が高まっており，医療・福祉といったヒューマンサービス領域の研究にも広まっている。これらの議論に共通して言えることは，

モダニズムと科学としての医学や，モダニストあるいは科学者としての治療者の位置に立つのではなく，それらに対し一定の距離をおく点にある。

　高度化・専門分化した現代の医療は，従来，治癒困難とされた疾患の治療や慢性化，あるいは延命処置などを可能としたが，他方で，病いをめぐる人々の痛み・苦しみの経験や病む人間そのものから，ますます遠のいてしまったとされる。なぜなら，病いを経験する人間の全体ではなく，生物医学モデルに基づいた身体的メカニズムの把握と身体の部位に照準する見方へとその視座を転換させてきたからである。こうした反省から，人間中心の医療への回帰の必要性をめぐり様々な議論が呈示されてきたのである。こうした近代医療批判の議論の主要な動向を形成してきたのが病いのナラティヴ研究なのである。

　こうした動向は実践領域にも影響している。「患者」を捉える視点が「疾患」を患う狭義の「患者」から，固有の生活や人生を有する広義の「患者」へと拡張していくなかで，「患者」「家族」の人生や生活，意味世界を理解することが重要であるとの認識が高まっているのである。専門職が，専門的知識や専門的技能に基づき当事者の生活や人生に一方向的に介入し治療や援助を行うのではない。当事者の語りを聴くことの意味が再確認されているのである。

　ここでは，クラインマンによる「病い」の語りに関する先駆的研究（Kleinman 1988＝1998），親密な他者が認知症や慢性精神病を患うという体験を「あいまいな喪失」という概念を用い捉えなおしたボスの研究（Boss 2006＝2015）を取り上げ，研究の概要や意義について概観しよう。

（1）「病い」の語り

　クラインマンは，医学・医療の発達，公衆衛生の劇的改善，生活環境

表2-1　「疾患」と「病い」の違い

「疾患」（disease）	病気の生物医学的側面
「病い」（illness）	病気の個人的意味や経験

（注）筆者が Kleinman（1988＝1998）の議論を整理

表2-2　「急性疾患」と「慢性疾患」の違い

疾患特性	生物医学的治療の可能性	より焦点があたる側面
急性疾患	可能かつ有効	「疾患」
慢性疾患	ある程度飽和	「病い」

（注）筆者が Kleinman（1988＝1998）の議論を整理

　の変化などを背景として急性疾患から慢性疾患へ疾病構造が変化していることを指摘しながら，「患者」を，生物医学的な意味での「疾患」を患う狭義な「患者」ではなく，その人固有の生活や人生，「病い」の体験を有する存在として位置づける必要性を説く（Kleinman　1988＝1998）（［表2-1］，［表2-2］を参照）。

　「病い」（illness）とは，「病者やその家族メンバーや，あるいはより広い社会的ネットワークの人びとが，どのように症状や能力低下（disability）を認識し，それとともに生活し，それらに反応するのかということを示すもの」である。病気をわずらう者の「生きられた経験」を示しているのであって，「治療者の視点から見た問題」であり，「生物医学的な構造や機能における一つの変化」である「疾患」（disease）とは明確に区分されるものである（Kleinman　1988＝1998）。つまり，病気の個人的意味や経験を表象するのが「病い」の体験の語りなのである。病気や障がいがあるという経験は，単に生物医学的な枠組みによって説明し尽くせるものではないのであり，ここに「病い」の体験を聞き取ることの意味があるのである。

クラインマンは，病いは「多義的」「多声的」なものであり，病いの経験や出来事は常に複数の意味を表し，あるいは隠蔽しているとして，病いの意味をいくつかに区分し議論している。

たとえば，特定の症状や障がいが，ある時代や社会において文化的に際立った特徴を帯びている場合，病いは文化的意味を持っているとも言え，「特殊な症状や病いのカテゴリーは，とりわけ強力な文化的重要性をたずさえていて，いわばスティグマ（烙印）を押すような種類のものであることが多い」とする。ハンセン病，HIV/AIDS，精神病など社会のスティグマが強い病気・障がいがある人々の「病い」の体験は，単に病気や障がいがあるということをこえて，社会的排除のまなざしに強く影響を受けたものとなる場合が少なくない。

また，「病い」の体験は，「病いの個人的意味」に基づくものでもある。個人の生活や人生における様々な体験との相互関係のなかで「病い」の経験は独特な意味を帯びることを指摘している。個人個人は，それぞれ，多様な人生上の出来事を経験しているのであって，こうした様々な出来事との関わりのなかで「病い」の体験は，独特な意味を有するものとして立ち現れることになるのである。

（2）「あいまいな喪失」研究

ボスは，「家族」「恋人」など，一般に「親密」であるとされる関係において経験される喪失のうち，「あいまい」な喪失体験に焦点をあて，自らの調査研究やセラピストとしての実践経験をふまえながら議論している（Boss 2006＝2015）。

「あいまいな喪失」とは，家族システムにおいて，家族成員の身体的あるいは心理的な存在／不在に関するあいまい性がある状況を示しており，こうした「あいまいな喪失」状況についての家族の意味づけを「家族境界のあいまい性」と呼んでいる。「あいまいな喪失」には，①身体

表 2 - 3　あいまいな喪失の 2 類型

類型	焦点となる〈他者〉の位置	具体例
①身体的不在／心理的存在「さよならのない別れ」	身体は存在していないが，心理的には存在	自然災害時における行方不明者，行方不明兵士，誘拐された子供たち，人質・拘禁，移民，養子縁組，離婚，転勤など
②身体的存在／心理的不在「別れのないさよなら」	身体は存在しているが，心理的には不在	アルツハイマー病やその他の認知症，慢性精神病，脳挫傷，脳梗塞，アディクションなど

(注) Boss（1999＝2005）の議論を集約・整理して掲載。
(出典) 南山浩二（2016）「あいまいな喪失—生と死の〈あいだ〉と未解決の悲嘆—」
　　　　『質的心理学フォーラム』Vol.8.

的には不在であるが心理的に存在していると認知されることにより経験される喪失，②身体的に存在しているが，心理的に不在であると認知されることにより経験される喪失，の 2 つの類型がある。前者の具体例としては，行方不明兵士と誘拐された子供たち，自然災害時における行方不明者，人質・拘禁，移民，養子縁組，離婚，転勤などが，後者の具体例としては，アルツハイマー病による認知症やその他の認知症，慢性精神病，脳挫傷，脳梗塞，アディクションなどが考えられる（[表 2 - 3]参照）。

　では，認知症をめぐる議論を取り上げてみよう。ボスによれば，ある家族成員が認知症になった場合，家族は「あいまいな喪失」を経験すると言う。なぜなら，認知症を患う家族は，日に日に，以前できたことができなくなり，記憶が奪われ，そして，病気の進行の度合いによっては，表情や人格も変わってしまうのであり，他の家族からすれば，確かに愛する人は眼前に存在するが，「もはやかつてのあの人ではない」というように心理的にはあたかも「不在」であるかのように認識されるからで

ある。こうした状況下において，ケアにあたる家族は多大なストレスを経験することになるとしている。

　ところで，あいまいな喪失の場合，喪失が「最終的」か「一時的」かが不明確であるため，人々を困惑させ身動きできなくさせてしまうのである。そして，家族は，その状況に意味を与え理解することができないため，問題解決（意志決定）を行うことができないのである。喪失の不確実性は，愛する人との関係における役割と規則を再編成し，あいまい性を終結すること（＝けりをつけること）を阻むため，カップルあるいは家族関係を従前の役割と規則のもとにとどめ続けてしまうとも言えよう。

　以上のような議論において，ボスが注目しているのが，「あいまいな喪失」を経験している「家族」や「親密な関係」にある人々のナラティヴ（「語り」「物語」）である。あいまいな喪失を扱うセラピストや医療従事者，研究者は，家族にとって，その喪失がもつ意味を理解しようとするならば，まずもって，家族が語る喪失の物語を聴かなければならないとする。なぜなら，その物語の中に，家族のディストレスの源泉とその意味に関する手がかりがあるからである。そして，「家族」や「親密な関係」にある人々のナラティヴ（「語り」「物語」）の生成を鼓舞し聴き取っていくことは，同時に，「家族」や「親密な関係」にある人々があいまいな喪失とともに生きるための新たな意味と方途を見出していくプロセスを支援していくことでもあるのである。

5.　生きられた経験を聞き取ることをめぐって

　それでは，次に「病い」の体験を聞き取るという具体的なテーマに限定しながら，インタビュー調査を行ううえでどのような点に留意する必要があるのか検討しよう。

（1）　充分な説明と同意／意向の尊重

　調査にあたっては対象者に，調査の目的，データの取り扱い方，集約や公開の方法などについて充分な説明を行い，同意を得ることが必要である。また，相手の意向に基づいて，インタビューを行う場所や時間等を設定するとともに，インタビューを中断あるいは中止する自由を，対象者に充分保障しておくことも肝要である。

　調査者−対象者間のラポール（信頼関係）形成の問題としてこれまでにも論じられてきたことでもあるが，こうした作業を丹念に行うことで，調査協力が得られる可能性が高まるとともに，調査の遂行をより円滑なものとし，詳細で豊かな質的データの獲得へとつながっていくのである。

　以上のような点は，倫理的配慮の問題でもある。インタビュー調査の場合，調査者が，対象となる個人の生活や人生，集団の人間関係に深く立ち入ることになり，個人の生活や人生，集団のあり様に少なからず影響を与える可能性がある。また，インタビューは，人々の生活や人生，人間関係を詳細に記述していこうとする試みでもあって，調査者は，個人のプライバシーに関わる事柄を知る立場に身を置くことになるのである。さらに，福祉や医療などのヒューマンサービス領域で調査を行う場合，福祉・医療サービスを現に受けている「高齢者」「障がい者」「患者」「クライエント」といった，様々な生活上の困難を抱えている，あるいは抱える可能性があり，場合によっては社会的な不利益を被りやすい立場にある人々を対象とすることが少なくないのであり，調査を行うことが対象者に与える様々な影響について充分に配慮しておく必要があるのである（波平・道信 2005）。

（2）　〈ゆるやかな問い〉へ

　病いの語りを聞き取る場合，ナラティヴ生成質問（＝語りを誘発する

問い。たとえば，「これまでのご経験についてお話しいただけますでしょうか？」）を切り口に，場合によっては，焦点化・具体化していく問い（たとえば「はじめて入院なさった時のことをお話しいただけますか？」「いろいろなご経験があったということですが，具体的にはどんなことがありましたか？」）を追加的に発しながら，インタビューを始め進めていくことが通例である。理由は以下のとおりである。

　既述したように，インタビューの対象者は，一定の疾患を患っており，様々な生活上・人生上の困難を抱えている（あるいは抱える可能性がある）人々である。よって，「病い」の体験は，苦痛に満ちたものであることが多く，その経験を語ることに抵抗感などを伴うことも少なくない。また，「病い」の体験は，語り手によって事前にきちんと整理され言語化されているわけではなく，聞き手とのやりとりのなかで，ゆっくりと紡ぎ出されていくという特徴もある。つまり，語りの時機をじっくり待つことが重要なのである。こうした配慮は，語り手の人生のストーリーを尊重していくことでもある。

（3）　「教えてもらう」位置に立つ――「無知の姿勢」へ

　私たちが他者と会話する場合，一定の「見方」に準拠しながら，他者が発した言葉の意味内容を先取りしながら解釈してしまう場合がある。インタビューにあてはめてみよう。聞き手による「先取り」とは，聞き手が，既存の理論・見方に基づき現象や行動を解釈する態度に陥ってしまっている状況を示しているのである（＝「きっと，こうだろう」「きっと，こうに違いない」）。こうした立場を保留して，あくまでも「教えてもらう」（＝「なるほど，そうなんだ」）という位置に立つ必要がある。この位置とは何かを考えるうえで，「無知の姿勢」（Anderson ＆ Goolishian 1992＝2001）という概念が手がかりとなる。

　「無知の姿勢」とは，そもそもセラピストに必要とされる態度として

主張された概念である。「無知の姿勢」とは，セラピストの「旺盛で純粋な好奇心がその振る舞いから伝わってくるような態度ないしスタンス」である。セラピストは，知識や理論といった既成の枠組みを携えてクライエントの経験の語りに向かうのではない。セラピストは，クライエントに絶えず「教えてもらう」位置にあるのである。セラピストがこうした位置に立つことで，クライエントとの相互協力的関係の連続性は維持されることになり，クライエントにとって「自分の考えを主張したり防御したり説得する」必要性はなくなり，自由に会話が展開する空間が用意されることになるのだという（Anderson & Goolishian 1992 = 2001）。

　「病い」の体験のストーリーの主人公は，まさに，語り手である「患者」「クライエント」なのであって，「病い」の体験を「よく知っている」のは，語り手に他ならない。その体験に学びたいという聞き手の姿勢が，「自由に会話が展開する空間」の創出を可能としていくのだと言える。インタビューというやりとりが，語り手の「病い」の体験の固有性が尊重され，そして「病い」の語りが誘発され，過去の体験をつなぎ合わせ自己物語を紡ぎ出していく場となっていくのである。

　しかしながら，もちろん，「教えてもらう」姿勢が重要であるといっても，事前に何も知らなくとも良いということではない。語りの意味を理解するためには，ある程度の知識や情報は必要である（たとえば，病気についての基本的な知識，制度やサービスに関する情報や知識，語り手が生活する地域社会や文化など）。また，インタビュー過程において，すでに「語られたこと」が背景知（Holstein & Gubrium 1995 = 2004）となり，語りの内容をふまえた的確な「問い」を発することができるようになる。

6. まとめにかえて

　近年，質的研究法に関する書籍が数多く出版されており，家族問題の検討にとっても，質的研究法は大いに役立つ方法であると考えられる。ここでは，質的研究法について，その特徴や意義，研究の実際などに焦点をあてながら概観してきたが，人々の固有な生活や人生のあり様，そして，その多様性に接近しうる方法であると言えるだろう。家族の個人化や多様化という現象を単純に「家族問題」「家族危機」と直結させてしまうのではなく，そしてまた，脱近代家族＝脱家族問題と楽観視するのでもなく，個々人の意味や行為，相互作用から「家族」「家族問題」を捉えようとする試みであると言うことができる。

　しかし，他方で，こうした特徴を持つ方法であるからこそ，この方法を採用するにあたって留意すべき点も少なくないことも言及してきた。この方法の持つ限界や留意点を充分に理解しわきまえながら，調査の計画や実施，集約にあたっていくことが，まず基本的な姿勢として求められていることを，今一度最後に確認しておくこととしたい。

　そして，個々人の意味，行為という観点から捉えるという視点ゆえに，さらに考慮すべきことがある。家族関係では，端から見れば「問題」と思える事柄も，当該個人からすれば「問題」ではないと認識される可能性が少なくない。たとえば，諸個人の安寧，人権等の達成という視点に立つ臨床的視点からすれば明らかに「問題」と言える夫婦間の暴力にせよ，児童虐待にせよ，暴力を行使する個人は，その問題性を全く認識していないことも大いにありうる事柄なのである。「家族問題」への接近方法として，まずは家族を営む個々人の意味や行為などに着目するとしても，その検討結果をさらに諸個人の安寧，人権等の達成などといった「外的基準」に結合させて議論していくこともあわせて必要となるであ

ろう。

コラム　〈「薬害 HIV 事件」と調査研究〉

　HIV（Human Immunodeficiency Virus/ ヒト免疫不全ウイルス）が混入した非加熱高濃縮血液製剤の投与により，約1,500名もの血友病患者がHIV に感染し，約半数の患者が亡くなった。この一連の出来事の総称がいわゆる「薬害 HIV 事件」である。

　輸入血液製剤による HIV 感染問題調査研究委員会は，患者・家族，血友病専門医などへの丹念なインタビューにより紡ぎ出される「薬害 HIV 事件」関係者の経験や思いの語りを通じて「薬害 HIV 事件」を問い直すことを目的に調査研究を行っている。

　調査報告書『医師と患者のライフストーリー』は3分冊から構成されている。第1分冊は論考編でありインタビュー結果などを考察した研究論文が取り纏められている。そして，第2分冊資料編には医師の語り，第3分冊資料編には患者・家族の語りがそれぞれ集録されている。患者・家族・医師による人生の物語，薬害 HIV 経験の物語である資料編のトランスクリプト（逐語録）は合計で約2,200頁あまりに及んでいる（輸入血液製剤による HIV 感染問題調査研究『医師と患者のライフストーリー』MERS（ネットワーク　医療と人権），2009年）。この報告書は，今日における医療や専門家のあり方などを問い直していくにあたっての貴重な資料となるだろう。

参考文献

・Anderson, H. & Goolishian, H., The client is the expert. in McNamee, S. & Gergen, K. J. eds., Therapy as social construction. London, Sage, 1992.［「クライエントこそ専門家である―セラピーにおける無知のアプローチ」野口裕二・野村直樹訳（2001）『ナラティヴ・セラピー―社会構成主義の実践―』（六刷）金剛出版：59-88］.

・Boss, P., Ambiguous Loss (1999)：Learning to Live with Unsolved Grief. Boston：Harvard University Press.［南山浩二訳（2005）『「さよなら」のない別れ　別れのない「さよなら」―あいまいな喪失―』学文社］.

・Boss, P., Loss, Trauma, and Resilience (2006)：Therapeutic Work with Ambiguous Loss. New York：Norton.［中島聡美・石井千賀子監訳（2015）『あいまいな喪失とトラウマからの回復――家族とコミュニティのレジリエンス』誠信書房］.

・Flick, U. (1995), Qualitatuve Sozialforshung, Rowohlt Taschenbuch Verlag, Reinbek bei Hamburg.［小田博志・山本則子・春日常・宮地尚子訳（2011）『新版　質的研究入門―〈人間の科学〉のための方法論』春秋社］.

・Holstein, J. A., & Gubrium, J. F. (1995), The Active Interview., Sage..［山田富秋・兼子一・倉石一郎・矢原隆行訳（2004）『アクティヴ・インタビュー――相互行為としての社会調査』せりか書房］.

・Kitsuse, J. I & Spector, M. (1977), Constructing Social Problems, Cummings Publishing Company,［村上直之・中河伸俊・鮎川潤・森俊太訳（1990）『社会問題の構築―ラベリング論をこえて』マルジュ社］.

・Kleinman, A. (1988), The Illness Narratives：Suffering, healing and the human condition, Basic Books.［江口重幸・五木田伸・上野豪志訳（1998）『病いの語り―慢性の病いをめぐる臨床人類学』（第3刷）誠信書房］.

・盛山和夫（2004）『社会調査法入門』有斐閣ブックス.

・野沢慎司（2005）「離婚・再婚とステップファミリー」吉田あけみ・杉井潤子・山根真理編著『ネットワークとしての家族』ミネルヴァ書房：139-157.

・清水新二（1998）「家族問題・家族病理研究の回顧と展望」『家族社会学研究』10-1：31-83.

・南山浩二（2016）「あいまいな喪失—生と死の〈あいだ〉と未解決の悲嘆—」『質的心理学フォーラム』Vol.8：56-64.
・波平恵美子・道信良子（2005）『質的研究　Step by Step—すぐれた論文作成をめざして』医学書院.
・山田昌弘（2000）「「問題家族」の臨床社会学」大村英昭・野口裕二編『臨床社会学のすすめ』有斐閣.
・山根真理（2000）「育児不安と家族の危機」清水新二編『家族問題—危機と存続』ミネルヴァ書房：21-40.

3 | 子どもと家族の貧困

| 岩田美香

《目標＆ポイント》 「子ども」の貧困だけではなく，「子どもと家族」の貧困
についての現状と家族支援の必要性について理解する。子どもの貧困に関す
るデータを概観し，さらに貧困の見え方や子どもと家族の貧困への支援につ
いて，社会的背景とともに学ぶ。最後に，私たち一人ひとりの貧困認識につ
いても考える。
《キーワード》 子どもと家族の貧困，子どもの貧困対策，貧困認識

1. 子どもの貧困と子どもと家族の貧困

（1） 日本における子どもの貧困

　厚生労働省による平成27年（2015年）の子どもの貧困率は13.9％であ
り，7人にひとりの子どもが貧困状態にある。この数値は，［表3-1］・
［図3-1］にあるように平成24年（2012年）の16.3％よりも2.4ポイント
減少しており，平成15年（2003年）以来12年ぶりの減少である。
　ここで示している貧困率とは，相対的貧困率と言われるものであり，
可処分所得の低い人から高い人まで順に並べたときの中央値（真ん中に
位置する人）の所得の半分以下で暮らす18歳未満の子どもの割合を示し
ている。この中央値の所得の半分を貧困線としており，平成27年では
122万円である。
　さらに，「子どもがいる現役世帯」で「大人が一人」（世帯主が18歳以
上65歳未満で子どもがいる世帯のうち，大人が一人の世帯）の貧困率は

表3－1　貧困率の年次推移　　　　　　　　　　　　（%）

	昭和60年	63	平成3年	6	9	12	15	18	21	24	27
相対的貧困率	12.0	13.2	13.5	13.8	14.6	15.3	14.9	15.7	16.0	16.1	15.7
子どもの貧困率	10.9	12.9	12.8	12.2	13.4	14.4	13.7	14.2	15.7	16.3	13.9
子どもがいる現役世帯	10.3	11.9	11.6	11.3	12.2	13.0	12.5	12.2	14.6	15.1	12.9
大人が一人	54.5	51.4	50.1	53.5	63.1	58.2	58.7	54.3	50.8	54.6	50.8
大人が二人以上	9.6	11.1	10.7	10.2	10.8	11.5	10.5	10.2	12.7	12.4	10.7
中央値（a）	216	227	270	289	297	274	260	254	250	244	244
貧困線（a/2）	108	114	135	144	149	137	130	127	125	122	122

（注）　1：平成6年の数値は，兵庫県を除いたものである。
　　　　2：平成27年の数値は，熊本県を除いたものである。
　　　　3：貧困率は，OECD の作成基準に基づいて算出している。
　　　　4：大人とは18歳以上の者，子どもとは17歳以下の者をいい，現役世帯とは世帯主が
　　　　　18歳以上65歳未満の世帯をいう。
　　　　5：等価可処分所得金額不詳の世帯員は除く。
（出典）厚生労働省「平成28年　国民生活基礎調査の概況」

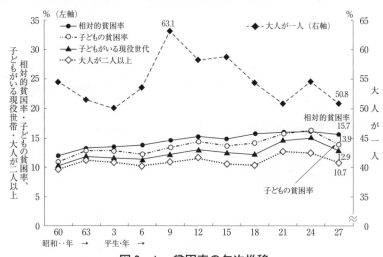

図3-1　貧困率の年次推移

（注）　1：平成6年の数値は，兵庫県を除いたものである。
　　　　2：平成27年の数値は，熊本県を除いたものである。
　　　　3：貧困率は，OECD の作成基準に基づいて算出している。
　　　　4：大人とは18歳以上の者，子どもとは17歳以下の者をいい，現役世帯とは世帯主
　　　　　が18歳以上65歳未満の世帯をいう。
　　　　5：等価可処分所得金額不詳の世帯員は除く。
（出典）厚生労働省「平成28年　国民生活基礎調査の概況」

50.8％，２人にひとりという高さである。ここには「祖父（母）と子ども」等の場合も含まれるが，多くは，ひとり親家族が想定される。なかでも日本における父子世帯の出現率は母子世帯に比べて低いことから，大部分は母子世帯を示している。実際，平成27年の母子世帯における母親自身の平均年間収入は243万円であり，同居親族を含めた世帯全員の平均収入でも348万円である。この収入金額（348万円）は，国民生活基礎調査による「児童のいる世帯」の平均所得（707.8万円）を100とした時の49.2％に相当し，児童がいる世帯平均の半分以下という低さである（平成28年度全国ひとり親世帯等調査結果の概要）。

　子どもの貧困に対しては，「アフリカやインドのような，やせ細った子どもの貧困に比べると日本の貧困は深刻ではない」「『貧しいながらも楽しいわが家』というように，貧しさが子どもを育てる」などの声も聞こえてくる。しかし彼らの生活意識についてみると［図３-２］，「児童

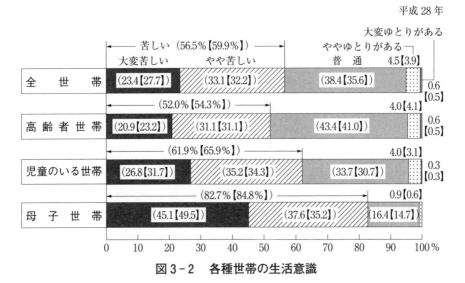

図３-２　各種世帯の生活意識

（注）１：熊本県を除いたものである。
　　　２：【　】は平成25年の数値である。
（出典）厚生労働省「平成28年　国民生活基礎調査の概況」

のいる世帯」では61.9％が「苦しい（大変苦しい＋やや苦しい）」と回答し、母子世帯では82.7％が「苦しい」、なかでも45.1％が「大変苦しい」と回答している。貧困率や所得の数値をみても、本人達の意識をみても、日本の子どもの貧困は決して軽視できる問題ではない。

（2）　子どもの貧困の特性

　日本では、ホームレスの子どもを町で頻繁に見かけるわけでもなく、子どもの貧困は外からは見えにくい。学校においても、夏場であれば毎日入浴をしていないために体臭がする子どもや、十分な栄養が取れていないために虚弱・体格が小さい子ども、学校の副教材が準備できない子どもなども存在するが、多くは一目見て「貧困家庭の子ども」と見分けることは難しい。親たちが、貧困にあっても百円均一の店や古着の店を活用し、子どもの身なりや物品などを整えて学校へ送り出しているからである。

　一般に、子育てや子どもの教育は主に家族の中で執り行われるものといった、家族主義的な見方によって親や保護者には子どもの養育に関する第一義的責任が期待されている。反対に、それを履行できない親は「無責任な親」「愛情のない親」と評価されてしまう。しかし個々の家庭が持つ資源（金銭、時間、情報、ネットワークなど）には格差があり、金銭的にも時間的にも十分に子どもの課題と向き合える家庭と、子どものために関わる余裕がない家庭とでは、学校に与える印象は異なってくる。そこでは、背後にある家族間の不平等が見えない・見ないままに、「親なのにどうしてできないのか」といった責任追求をしてしまう場合も多い。

　子どもの貧困問題の複雑さは、「子ども単独の貧困」ではなく、大部分が「家族」が媒介しており、その家族への期待や責任を強いることによって、貧困問題が見えづらくなってしまうことにある。さらに解決す

べき問題は，不登校や発達課題や非行といった子ども自身の課題や問題として現れてくるため，その対応も，目先の問題にとらわれてしまいがちとなり，その背後の生活や社会的要因にまで目が届かなくなる。

2. スクールソーシャルワーク実践で 出会った子どもと家族

（1） 支援をめぐる格差

　筆者がスクールソーシャルワーカーとして相談を受けたケースについても，不登校やいじめ，引きこもり，反抗的態度，非行，子どもの障害の疑い，親の精神疾患，虐待などが中心で，「貧困」を主訴としたケースはあがってこなかった。子どもや保護者にとっては，「貧困についての相談」は，他の相談に比べて，ためらってしまうのかもしれない。

　しかし，それらの支援を展開していくなかで，子どもと家族の背景が明らかになり，家族の貧困問題が見え隠れしてくる。上記の主訴としてあがってくる問題は，生活が安定している家庭でも貧困家庭でも生じるものであるが，その問題解決の過程においては差が生じてしまう。同じ不登校の相談ケースであっても，生活が安定している家庭の場合は，事前に保護者もインターネットや友人・知人のネットワークを使って不登校に関する情報を集め，教員やスクールソーシャルワーカーとの面談に際しても，母親だけではなく時に父親も時間をつくって臨んでくる。そうした保護者の協力も得ながら，公的制度や民間サービスも使い，解決に近づけていこうとする。一方，貧困家庭では，平日の昼間に行われる面談のためにパートの就労を休むことも難しく，また利用料金のかかる民間のサービスは利用することを躊躇し，様々なレベルでお金と時間の制約を受けてしまう。

　さらに家庭によっては地域や社会からも孤立し，家族が精神的な健康

問題を抱えている場合や，あるいは保護者が解決のための動機づけも低いために「放っておいて」と解決への支援を避けたり拒否することもある。反対に，保護者の中には「モンスター・ペアレンツ」ともいうべく学校や支援者などの関係者に対してクレームをぶつけてくるときもあり，学校はその「クレーム」対応におわれ，本来の子どもの問題や課題への対応が後回しとなってしまう。いずれの場合も，解決への道のりは，より困難になっている場合が少なくない。

（2）　貧困当事者の態度と貧困認識

　私たちは，不十分な食事や栄養しかとれず，勉強がしたくても文房具や辞書などが買えない「子どもの貧困」に対しては，「かわいそうで何かしらの対策が必要な問題」として反応する。けれども，たとえ貧困であっても「クラスで騒ぎを起こし」「学校の外で悪さをする」児童生徒に対して，あるいは「だらしなく放任しているような養育態度の」親に対して，私たちは子どもや親を非難しがちである。テレビなどで示される貧困の実態についての映像も，「貧困のシングルマザー」が茶髪やピアスや赤いマニキュアで映し出される場合と，化粧気のない質素な様子で映し出される場合とでは，私たちの反応は異なってくる。

　これらは支援の場面でも見られるものであり，保育園で子どもの着替えやおむつの替えを持参しない場合，また学校で音楽のリコーダーや絵画の道具を揃えられない場合に，「子どもの生活や教育環境を整えられないことを謙虚に謝る親」と，「保育園や学校がそれらを揃えることが当たり前とクレームを訴える親」がいた場合，保育者や教員の反応は後者の親に対して厳しくなってしまう。

　当事者にしてみれば，「貧困であること」を明らかにすることには恥ずかしさも伴う。また自分たちの生活の内実を明らかにすることや，他者から後ろ指を指されることへの抵抗から，彼らは，時に反抗的，時に

クレームをつけるという形で自分たちの生活を守ろうともする。さらに，親が障害を抱えていたり，親自身も十分な養育を受けて育っていないといった問題もあり，その背景は単純ではない。

（3） 子どもと親の生活の内実

　ここで，そうした複雑な背景を抱えている事例を見ていきたい（岩田(2009)「ひとり親家族─背後にある貧困問題」『子どもにやさしい学校』ミネルヴァ書房 P. 82-84より）。以下の2つの事例は，当初は「母親が仕事のために子どもと向き合っていない」「子どもの父親が全て異なっている，生活保護受給のシングルマザーで子どもへの愛情がない親」と説明され，支援を依頼された事例である。

〈不登校の誠のケース〉

　不登校である中学2年の誠の家族は父子世帯であったが，当時，父親は子どもたちに食事代となるお金だけを渡して，ほとんど家に帰って来ることはなかった。子どもたちは，一番年上の姉が食事などを用意し，きょうだいみんなで不登校となっていた。父親への連絡が取れない中で，別れた母親に連絡が付き，子どもたちは今度は母親のもとで暮らすこととなる。しかし，きょうだいみんな，とりわけ年下の誠は，母親を受け入れることができず，また転校した学校でも，対人関係が苦手な誠は一度も登校していない。離婚前，誠の母親は夫がパチンコ・ギャンブルや新車を次から次へと買い換えるためにつくった多額の借金を返済するために，子どもたちを姑たちに預けて住み込みの仕事へと入るが，その期間が長くなってしまったために，夫は他に女性をつくり，姑は自分の息子をかばうべく，誠たち孫に「母親が男をつくって家を出て行った」と言い聞かせて，その数年後に両親は離婚の手続きをとることになる。当時，幼かっ

た誠は母親に甘えることができない寂しさや，祖母から聞いていた母親のイメージを引いて「母親を恨んで」育ってきたのである。母親も長年の親子関係のブランクを埋めるために，複数のパートに出る前には子どもたちの食事を作り，子どもたちへのメモ手紙も残していくが，誠の心のしこりは，なかなか取れない。一緒に暮らすようになった母親は，もっと誠と向き合う時間をつくりたいと思いながらも，日に2〜3つのパートをこなしていくためには，その時間も十分に取れない状況である。パートという働き方は，単に時間給であることだけではなく，中には，その日その職場に行ってみないと当日の仕事量がわからない，すなわちその日の収入もわからないというものもある。誠の母親も，ホテルのベットメーキングや海産物を扱うパートをしていた時には，職場に行ってはじめて，ベットメーキングが必要な部屋数を言われたり，その日の水揚げ高に応じた海産処理の仕事量が伝えられ，雇用主の「事情」によって労働時間が決められていく。こうした不安定な仕事で生活を賄っていくためには，常に多めの仕事を入れておかなければならないのである。本来であれば，パートであっても，よりよい条件の職場を選んだり雇用条件に対して何らかの異議を申し立てることもできるのであろうが，高校中退で特別の特技や資格を有していない誠の母親には，そうした知識も選択肢もなく，ただ働くしかないのである。

〈きょうだいの多い希のケース〉

　希は体型的にもコンプレックスを抱いており，小学校でも無口な児童であったが，中学校に進学してしばらくするうちに休みがちとなり不登校となっていった。希の家族は母子世帯で，彼女の上にも下にも，たくさんのきょうだいがいるが，父親は全て異なっている。

母親は時折，パートの仕事を見つけて働くが精神疾患もあって長期には働けないため，生活保護を受給して生活をしている。希は家で飼っている猫や犬の世話と弟や妹たちの面倒をみることは淡々とこなしていくが，ひとりで外に出て行くことはできない。母親は一日中寝ているか，体調が良い時でもパチンコへ行ってしまうことが多いが，それでも希は母親のことが好きで弟や妹と一緒に，母親の布団に入って甘えている。上のきょうだいたちも不登校のまま中学校を卒業し，兄は18歳になるのを家で待って本州の工場に派遣社員として勤務し，姉は水商売で働いて家を出て行っている。最近，派遣で工場に勤務していた兄も，仕事がきつくて続けられず戻ってきている。希の母親は田舎の貧しい家で育ったが，実家の家族構成も複雑で，若いときから実家には頼れず，母親（希の祖母）からは「そばに来るな」と言われている。彼女は，中学卒業後集団就職で働きに出て来て，そこで男性と知り合って長女を妊娠する。しかし，その夫も借金を作って逃げ出してしまい，それから彼女はシングルマザーとして生活することと新しい男性に出会って妊娠してしまう人生を繰り返すことになる。母親にとって，若いときに頼れるのは「男の人」だけであったし，そうした男性たちも最初は，シングルマザーで困難を抱えている母親の「相談役」としてサポートしてくれるところから関係が始まり，何度も同じ結果になってしまったと言う。その間，生活保護を受給することもあり，生活保護を受けながら男性と知り合い子どもを妊娠した時には，生活保護のワーカーにひどく怒られたが，彼女にとって，最終的に「信じられる」のは，自分のお腹から生まれてきた子どもたちだけであり，希（のぞみ）が「希望」からとっているように，このきょうだいたち一人ひとりの名前に母親の深い想いが込められている。だからこそ，児童相談

所から養育困難な家族として児童養護施設の利用を進められても，
障がいがある子を施設に預けることには了解したが，他の子につい
ては，かたくなに断ってきたのである。

　これらの事例のように，親たちの生活の内実が見えてくると，親を批
判することで解決するものではなく，反対に，子どもだけではなく子ど
もと親を支援していくことの重要性が理解されるであろう。
　たとえば，誠のケースでは親子関係だけではなく，母親の就労支援も
必要であり，希のケースでは生活保護や児童相談所のワーカーと連携し
て，母親の病気のケアと同時に，希のきょうだい一人ひとりの年齢と状
況に応じた就労支援や教育支援が求められる。

3. 子どもの貧困への対策

（1） 子どもの貧困対策法
　こうした子どもの貧困に対して，国レベルでの対策も取られており，
2013年には「子どもの貧困対策の推進に関する法律」（2014年1月施行）
が制定された[1]。その対策大綱では，「教育の支援」「生活の支援」「保
護者に対する就労の支援」「経済的支援」「子どもの貧困に関する調査研
究等」「施策の推進体制等」が柱となり，それぞれに具体的な重点施策
が列挙されている。学校を子どもの貧困対策のプラットホームと位置づ
けてスクールソーシャルワーカーを配置拡充していくことや，奨学金制
度の検討も含めた教育費負担の軽減，貧困の連鎖を防止するための学習

---

1) 2013年に制定された本法律は5年後の見直しが規定されており，2019年6月
に改正案が衆参議院で可決された。改正案の主な点は次のとおりである。目的に
「子どもの将来だけではなく現在に向けた対策であること」と「児童権利条約の
精神に則り推進すること」が明記され，基本理念には「子どもの意見を尊重する
こと」「各施策を子どもの状況に応じ包括的かつ早期に講ずること」「貧困対策は
背景に様々な社会的要因があることを踏まえること」が明記された。また，都道
府県には既に課されている「貧困対策計画を策定する努力義務」を市町村に対し
ても課した。

支援の推進など，従来の貧困対策の充実に加えて，特に教育や学校に関する支援に重きが置かれている。

　子どもの貧困対策が整っていく一方で，生活保護制度についてみると，子どもの貧困対策法制定と同年の2013年度にも，そして2018年にも，保護基準の引き下げが行われている。生活保護制度は，貧困にある子どもと家族のセーフティネットとして機能しており，これらの引き下げは生活保護受給家庭の子どもの生活が引き締められることとなる。

　さらに，この生活保護基準の削減は，生活保護を受給していない子どもの生活にも影響していく。すなわち，経済的理由によって就学困難な子どもと保護者に対して，学用品，学校給食，修学旅行などの必要な費用の援助をしていく「就学援助制度」は，生活保護額を基準にして認定基準が決められている。対象者を認定する所得基準は，生活保護基準の1倍～1.5倍程度と自治体によって異なっているものの，その基準となる保護基準が引き下げられることによって，就学援助の認定基準も連動して引き下げられてしまう（4章参照）。子どもの貧困に対する支援は，こうした関連する施策についても目配せをして評価していく必要がある。

（2）　社会全体で考える子どもの貧困対策
①　学習支援

　私たちに，より身近な貧困対策について見てみると，一つに「学習支援」が挙げられる。学校教育だけではなく塾に通うことが一般的となっている今日，貧困家庭の子どもたちに対して，大学生などのボランティアが放課後や夏・冬休みなどに，無償で子どもたちの学習を見るものである。勉強を教えるだけではなく，軽食提供やイベントの実施，また進学支援だけではなく履歴書の書き方など就職支援もサポートするなど，実施形態や規模は様々である。塾や家庭教師の費用の捻出が難しい貧困

家庭にとって助かる支援であり，当該の子どもにとっても，単に学力向上だけではなく彼らの居場所としても機能しており，この支援事業自体を否定するものではないが，以下の点が危惧される。

　すなわち，学ぶ意欲や能力がない（ように見える）子どもや，学ぶ機会を保障したにも関わらず頑張らない（ように見える）子どもに対しては，彼らの進路の不利益について自己責任に帰されるリスクがある（松本 2013）。無料の学習支援が提供されているにも関わらず，勉強にまじめに取り組まず，あるいは高校に進学できないのは，その子自身の努力不足という考え方である。確かに，高校入試に向けて集中的に学習支援を受けることで学力が飛躍的に伸びる子どももいるが，中学生であっても「かけ算やわり算」からわからないといった基礎的な学習ができていない子どもや，一定時間落ち着いて学習する習慣が身に付いていない子どもの場合には，短期間で結果を出すのは難しい。支援としての「学習」が，かえって自己責任を強める結果となってしまうことがないような配慮や検討が必要である。

　また，この「学校教育＋塾」がスタンダードの教育として成立している現状について，「学校教育」とは何なのか，という問いも重要となる。中澤（2014）が「教育を公的に支える責任」と言うように，公立学校が，学校とは何か，教育とは何かについて，社会経済的に弱い立場にある子どもの視点から教育格差の是正に努める必要があるのではないだろうか。

②　子ども食堂

　もう一つの活動として「子ども食堂」が挙げられる。マスコミでも取り上げられているように，子ども食堂は急拡大し，全国に約3,718か所（2019年，NPO 法人全国こども食堂支援センターむすびえ）で展開され，子ども食堂がブームにもなっている。そこでは，週に 1 ～数回，あるい

はイベント的に，無料あるいは100円程度の料金で子どもたちに食事を提供しており，対象も子どもだけではなく保護者や地域の高齢者に広げるなど，各食堂によって実施形態は様々である。提供しているサービスも，食事だけではなく料理教室や学習支援などを提供し，子どもの居場所としての機能を持っているところも少なくない。

　子ども食堂によって，多くの人が子どもの貧困問題に関心を抱くようにもなり，子どもたちのお腹と心が満たされる活動については高く評価できる。しかし，なぜ毎日提供される学校給食は無償化にならないのだろうか。義務教育段階にある公立の小・中学校で提供される教科書は，子どもの家庭の所得にかかわらず無償で提供されている。学校給食も小・中学校の学習指導要領において，「特別活動」の「学級活動」と位置づけられている教育活動である。貧困にある子どもの中には，給食だけが一日の食事の中で整った栄養を提供してくれている，といった子どももいる。新たな支援の展開だけではなく，既存の仕組みの見直しで進められる子どもの貧困対策にも目配せしていく必要がある。

③　もう一つの支援

　最後に，もう一つの支援について触れておきたい。これまで見てきたように，貧困問題は常に個々人の価値観を伴うものであり，貧困の見え方や当事者の態度によって，私たちは時に「共感」し，時に「自己責任」や「親責任」として批判する。そうした私たちの価値観の総体が，支援策を進展させたり後退させたりする性格を持っている。

　私たち一人ひとりが，社会的公正や社会的正義に照らして，どのように子どもの貧困に向き合っていくのか，それが問われているのであろう。

参考文献

・浅井春夫・松本伊智朗・湯澤直美編（2008）『子どもの貧困―子ども時代のしあわせ平等のために』明石書店.
・阿部彩（2008）『子どもの貧困―日本の不公平を考える』岩波書店.
・阿部彩（2014）『子どもの貧困Ⅱ―解決策を考える』岩波書店.
・岩田美香（2009）「ひとり親家族―背後にある貧困問題」『子どもにやさしい学校』ミネルヴァ書房.
・全国学校事務職員制度研究会・「なくそう！子どもの貧困」全国ネットワーク編（2012）『元気がでる就学援助の本―子どもの学びを支えるセーフティネット』かもがわ出版.
・中澤渉（2014）『なぜ日本の公教育費は少ないのか―教育の公的役割を問い直す』勁草書房.
・松本伊智朗（2013）「教育は子どもの貧困対策の切り札か？」『貧困研究』Vol. 11：4-9.
・厚生労働省「平成28年国民生活基礎調査の概要」
（https://www.mhlw.go.jp/toukei/saikin/hw/k-tyosa/k-tyosa16/index.html）
・内閣府「子どもの貧困対策に対する大綱について」
（https://www8.cao.go.jp/kodomonohinkon/pdf/taikou）
・厚生労働省「平成28年度　全国ひとり親等調査結果報告」
（https://www.mhlw.go.jp/stf/seisakunitsuite/bunya/0000188147.html）

4 | 学校の現状と児童生徒・家族支援

岩田美香

《目標＆ポイント》 現代社会における学校と児童生徒の現状について，不登校，いじめ，校内暴力，児童虐待について概観する。また，それらに対応している教師の現状と課題についても把握する。そのうえで，児童生徒の学びを保障していく制度としての就学援助や児童生徒と家族の生活から支援していくスクールソーシャルワーカーを中心に支援を考える。
《キーワード》 学校の現状，不登校，いじめ，校内暴力，児童虐待，就学援助，スクールソーシャルワーカー

1. 児童生徒の状況

学校に関し社会的問題にもなっている状況について，文部科学省による「平成29年度　児童生徒の問題行動・不登校等生徒指導上の諸課題に関する調査」を中心に概観していく。

（1）　不登校

国の調査における不登校とは，「年度間に連続又は断続して30日以上欠席した児童生徒のうち不登校を理由とする者。不登校とは何らかの心理的，情緒的，身体的あるいは社会的要因・背景により子どもが登校しないあるいはしたくともできない状況にあること（ただし，病気や経済的理由による者を除く）」としている。これに基づいた平成29（2017）年度の小中学校あわせた不登校児童生徒数は144,031人であり，全児童生徒数に対する割合では1.47％となる。10年前の平成19（2007）年度に

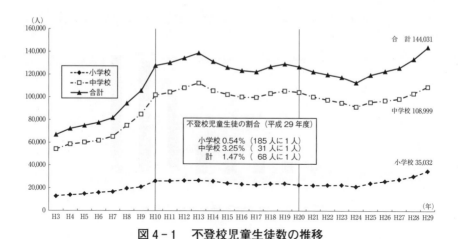

図 4 - 1 不登校児童生徒数の推移

（出典）文部科学省「平成29年度 児童生徒の問題行動・不登校等生徒指導上の諸問題に関する調査結果」

は1.20％であり，20年前の平成 9 （1997）年度には0.85％であるので，全体的に増加してきている［図 4 - 1］。

　各学校別では，小学校で35,032人，中学校で108,999人である。児童生徒の全数でみれば，中学校よりも小学校の方が 2 倍弱であるにもかかわらず，中学校の不登校数は多い。各学年別の不登校児童生徒数を示したものが［図 4 - 2］であり，「中 1 ギャップ」とも言われるように中学 1 年生で小学 6 年生の 3 倍近い 3 万人弱にまで生徒数が増え，さらに中学 2 年では 4 万人弱，中学 3 年では，41,500人と最も多い不登校数となる。中 1 ギャップ，すなわち中学生になっての新しい環境での学習や生活にうまく適応できない要因として，「各教科で教員が異なる」，「小学校区と異なり親しい友人と別の中学校になった」，「制服」，「部活動」などが言われており，小中一貫校導入のきっかけの一つともなっている。実際，筆者が相談を受けた不登校の中学 1 年生女子も，「小学校では 1 年生と

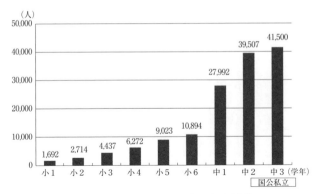

図4-2　学年別不登校児童生徒数

（出典）文部科学省「平成29年度　児童生徒の問題行動・不登校等生徒指導上の諸問題に関する調査結果」

6年生で5歳も年齢差があっても先輩後輩といったことは意識されないし強制されない。けれども中学校では，たった1～2歳の差であるのに，先輩に対して普通に会話をしたら生意気と言われた」と話していた。

　不登校になる原因は様々であるが，家庭の生活環境の急激な変化，親子関係をめぐる問題，家庭内の不和などの「家庭に係る状況（複数回答で36.5％）」や，学校に関する状況の中でも「いじめを除く友人関係をめぐる問題（26.0％）」「学業の不振（19.9％）」などが挙げられている。

（2）　いじめ

　国によるいじめの定義は変遷してきているが，「いじめ防止対策推進法（平成25年成立）」の施行に伴って，「いじめ」とは，「児童生徒に対して，当該児童生徒が在籍する学校に在籍している等当該児童生徒と一定の人的関係のある他の児童生徒が行う心理的又は物理的な影響を与える行為（インターネットを通じて行われるものも含む）であって，当該行為の対象となった児童生徒が心身の苦痛を感じているもの」と定義さ

れている。なお，いじめが起こった場所は，学校の内外を問わないとしている。

　これに基づいて，いじめの認知（発生）件数を見てみると［図表4－1］，平成29（2017）年度における全国の国公私立の小・中・高等学校および特別支援学校における件数は，414,378件であり増加傾向にある。とりわけ，小学校における近年の増加が顕著である。

　いじめの内容（様態）については，小学校・中学校・高等学校ともに「冷やかしやからかい，悪口や脅し文句，嫌なことを言われる」が最も多い。次いで，小・中学校では「軽くぶつかられたり，遊ぶふりをして叩かれたり，蹴られたりする」「仲間はずれ，集団による無視をされる」と続いていく。しかし高校では，第2位に「パソコンや携帯電話で，誹謗・中傷や嫌なことをされる」，第3位に「仲間はずれ，集団による無視をされる」が続いており，暴力によるいじめは学年とともに減っていくが，パソコンや携帯電話などにおけるいじめは学年とともに増加している。

　こうしたいじめを受けたときに，子どもたちは誰に相談しているのであろうか。調査［表4－1］からは，小・中・高等学校ともに「学級担任に相談」するが最も多く7〜8割を占めており，次いで「保護者や家族等に相談」しているが，その割合は2割に落ち込む。学校内における担任以外への相談をみても，中学校（18.3%）と高等学校（19.8%）では「学級担任以外の教職員に相談」が1割を超えているものの小学校では低く（4.6%），さらに養護教諭やスクールカウンセラー等への相談も低い。やはり「担任」が最も相談される相手となっている。

　いじめは子どもの人権侵害であり，時に命をも奪いかねない行為であるが，表に現れづらい性格をもっている。それを早期に発見して対応していくことが大切であり，その発見においても学校が重要な役割を担っ

図表 4 - 1　いじめの認知（発生）件数の推移

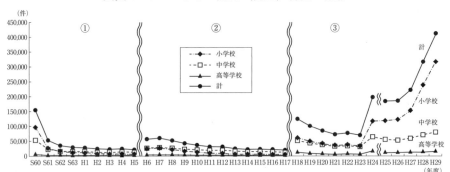

		60年度	61年度	62年度	63年度	元年度	2年度	3年度	4年度	5年度
①	小学校	96,457	26,306	15,727	12,122	11,350	9,035	7,718	7,300	6,390
	中学校	52,891	23,690	16,796	15,452	15,215	13,121	11,922	13,632	12,817
	高等学校	5,718	2,614	2,544	2,212	2,523	2,152	2,422	2,326	2,391
	計	155,066	52,610	35,067	29,786	29,088	24,308	22,062	23,258	21,598

		6年度	7年度	8年度	9年度	10年度	11年度	12年度	13年度	14年度	15年度	16年度	17年度
②	小学校	25,295	26,614	21,733	16,294	12,858	9,462	9,114	6,206	5,659	6,051	5,551	5,087
	中学校	26,828	29,069	25,862	23,234	20,801	19,383	19,371	16,635	14,562	15,159	13,915	12,794
	高等学校	4,253	4,184	3,771	3,103	2,576	2,391	2,327	2,119	1,906	2,070	2,121	2,191
	特殊教育諸学校	225	229	178	159	161	123	106	77	78	71	84	71
	計	56,601	60,096	51,544	42,790	36,396	31,359	30,918	25,037	22,205	23,351	21,671	20,143

		18年度	19年度	20年度	21年度	22年度	23年度	24年度	25年度	26年度	27年度	28年度	29年度
③	小学校	60,897	48,896	40,807	34,766	36,909	33,124	117,384	118,748	122,734	151,692	237,256	317,121
	中学校	51,310	43,505	36,795	32,111	33,323	30,749	63,634	55,248	52,971	59,502	71,309	80,424
	高等学校	12,307	8,355	6,737	5,642	7,018	6,020	16,274	11,039	11,404	12,664	12,874	14,789
	特別支援学校 （特殊教育諸学校）	384	341	309	259	380	338	817	768	963	1,274	1,704	2,044
	計	124,898	101,097	84,648	72,778	77,630	70,231	198,109	185,803	188,072	225,132	323,143	414,378

（注）　1：平成5年度までは公立小・中・高等学校を調査。平成6年度からは特殊教育諸学校，平成18年度からは国私立学校を含める。
　　　　2：平成6年度及び平成18年度に調査方法等を改めている。
　　　　3：平成17年度までは発生件数，平成18年度からは認知件数。
　　　　4：平成25年度からは高等学校に通信制課程を含める。
　　　　5：小学校には義務教育学校前期課程，中学校には義務教育学校後期課程及び中等教育学校前期課程，高等学校には中等教育学校後期課程を含む。

（出典）文部科学省「平成29年度　児童生徒の問題行動・不登校等生徒指導上の諸問題に関する調査結果」

表4-1　いじめられた児童生徒の相談の状況

区分	小学校		中学校		高等学校		特別支援学校		計	
	件数（件）	構成比（%）	件数（件）	構成比（%）	件数（件）	構成比（%）	件数（件）	構成比（%）	件数（件）	構成比（%）
学級担任に相談	257,914	81.3	59,807	74.4	9,977	67.5	1,604	78.5	329,302	79.5
学級担任以外の教職員に相談（養護教諭，スクールカウンセラー等の相談員を除く）	14,456	4.6	14,726	18.3	2,935	19.8	275	13.5	32,392	7.8
養護教諭に相談	6,140	1.9	4,336	5.4	1,220	8.2	23	1.1	11,719	2.8
スクールカウンセラー等の相談員に相談	4,213	1.3	3,242	4.0	969	6.6	22	1.1	8,446	2.0
学校以外の相談機関に相談（電話相談やメール等も含む）	1,149	0.4	868	1.1	204	1.4	15	0.7	2,236	0.5
保護者や家族等に相談	67,490	21.3	20,643	25.7	2,985	20.2	259	12.7	91,377	22.1
友人に相談	17,446	5.5	7,730	9.6	1,858	12.6	57	2.8	27,091	6.5
その他（地域の人など）	1,236	0.4	325	0.4	62	0.4	9	0.4	1,632	0.4
誰にも相談していない	17,410	5.5	5,281	6.6	1,603	10.8	186	9.1	24,480	5.9
認知件数	317,121		80,424		14,789		2,044		414,378	

（注）　1：複数回答可とする。
　　　　2：構成比は，各区分における認知件数に対する割合。
（出典）文部科学省「平成29年度　児童生徒の問題行動・不登校等生徒指導上の諸問題に関する調査結果」

ている。同調査の他の設問において，いじめが発見されるきっかけは，「アンケート調査など学校の取組により発見」することが5割を超えて最も多い。「本人からの訴え」は2割前後，「当該児童生徒の保護者からの訴え」は1割前後である。いじめに対する学校の姿勢も，かつては「いじめが存在することが学校の恥」とでもいうべく，いじめを明らかにすることに消極的な学校もあったが，現在では，いじめの実態を把握する

ことに努めるようになってきており，それらが冒頭における「いじめ認知件数」の増加にも反映されているのであろう。さらに「いじめ防止対策推進法」において，学校は校内のいじめの発見だけではなく，いじめの通報窓口としても位置づけられている。いじめを積極的に把握しようと努めたうえで，いじめの発生・認知件数が減っていくことが望まれる。

（3）　学校内での暴力行為

　学校内における暴力行為には「対教師暴力」「生徒間暴力」「対人暴力」「器物損壊」が含まれる。また，暴力行為を起こす場所も「学校の管理下」と「管理下以外」が想定され，学校では，児童生徒がどこで暴力行為を起こしても対応していくこととなるが，ここでは「学校」という場における暴力行為の発見件数に注目して，「学校管理下＝学校内」での暴力行為の数値を見ていく。

　平成29（2017）年度の校内での暴力行為は，小学校で26,864件，中学校で27,389件，高等学校で5,944件であり，中学校における発生件数が高い。さらに各学年別の加害児童生徒数のグラフを見ると［図4-3］，中学1年の生徒数が小学6年生の2倍以上である11,850人と急増しており，ここでも中1ギャップの現象が見られる。

　一方，年度経過で見ていくと，中学校の暴力行為発生件数は平成25（2013）年度の36,869件をピークに減少を続けており，反対に小学生における発生件数が急増している。小学生の件数は10年前の平成19（2007）年度4,807件と比べても5倍以上になっており，暴力行為においても，小学生の動向に留意していく必要がある。

（4）　児童虐待

　子どもの虐待は本書でも12章・13章で記されているが，学校とりわけ義務教育である小・中学校は虐待を発見しやすい立場にある。法律でも，児童福祉法の25条（要保護児童の通告義務）や児童虐待防止法の6条

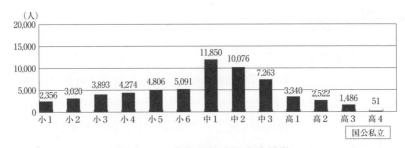

図4-3　学年別加害児童生徒数

（出典）文部科学省「平成29年度　児童生徒の問題行動・不登校等生徒指導上の諸
　　　　問題に関する調査結果」

（児童虐待に係る通告）によって，通告が義務づけられている。さらに児童虐待防止法5条（早期発見の義務）では，「児童虐待を発見しやすい立場にあることを自覚し，児童虐待の早期発見に努めなければならない」としている。

　しかし虐待における監禁事件や死亡事件が明らかになった際に，学校や児童相談所などの専門機関が見逃していた事例も，残念ながら存在する。学校における教職員が「家族は本来，虐待をしないものだ」という思いから通告に二の足を踏んでしまうのかもしれない。しかし平成30（2018）年度の全国児童相談所における児童虐待相談対応件数は，159,850件（速報値）であり，この数値は常に右上がりの増加傾向にある。また主な虐待者も実母と実父が大半を占めている。

　虐待は，どの家族にも起こりうるものであり，早期の発見と通告は，子どもの命と権利を守るためにも，そして，その家族が支援に繋がるためにも重要となる手続きであるという認識が求められる。

2. 教員の状況

（1） 教員の多忙

　これまで見てきたように，学校における様々な課題に対しての発見や対応について，学校や教員は大きな役割を担っており，その期待も大きい。しかし一方で，教員の多忙さの問題があり，新聞や雑誌[1]でも特集が組まれるに至っている。

　教員の多忙さは数値にも表れており，文部科学省による「教員勤務実態調査（平成28年度）」から1週間あたりの学内総勤務時間［表4-2］をみると，小学校教諭で57時間29分，中学校教諭では63時間20分となっており，副校長・教頭にいたっては，その時間を上回っている。これらの数値は，前回調査した平成18（2006）年度と比較して，いずれの教員においても勤務時間が増加している現状にある。さらに，東京都内の公立中学校教諭においては，約半数（48.5％）が過労死ラインと言われる「週あたり在校時間60時間」を超えているという[2]。

表4-2　教員の1週間当たりの学内総勤務時間

時間：分

	小学校			中学校		
	28年度	18年度	増減	28年度	18年度	増減
校長	55:03	52:19	+2:44	56:00	53:23	+2:37
副校長・教頭	63:38	59:05	+4:33	63:40	61:09	+2:31
教諭	57:29	53:16	+4:13	63:20	58:06	+5:14
講師	55:21	52:59	+2:22	61:36	58:10	+3:26
養護教諭	51:07	48:24	+2:43	52:48	50:43	+2:05

（注）28年度調査では，調査の平均回答時間（1週間につき小学校64分，中学校66分）を一律で差し引いている。
（出典）文部科学省「教員勤務実態調査（平成28年度）」

1）　朝日新聞では2018年6月10日から4回にわたって「先生忙しすぎ？」の特集を組み，雑誌『AERA』（2016年8月22日号）では「大特集　先生が忙しすぎる」が組まれている。
2）　「公立中教諭の5割　過労死ライン超す」朝日新聞多摩版（2019年2月21日）

　日本の教員の多忙さは，国際比較においても顕著である。2013年に実施したOECD国際教員指導環境調査（TALIS）においても，OECD加盟国等34か国・地域の中で，日本の教員の仕事時間は最も長い。とりわけ課外活動（スポーツ・文化活動）の指導時間が特に長く，事務業務，授業の計画・準備時間も長いという結果が出ている。

（2）　教員のメンタルヘルス不調

　こうした教員の働き方は，教員の心身へも影響を及ぼしてくる。前述の「教員勤務実態調査（平成28年度）」からも，小・中学校の教員ともに「勤務時間が長くなるほどメンタルヘルスの状態は悪くなる」ことが示されており，その結果，休職する者も出てきている。実際，うつ病や適応障害などの精神疾患によって病気休職した教職員数は，平成29（2017）年度では5,077人（教職員全体の0.55％）であり，平成28（2016）年度4,891人と比較しても増加している。教職員の精神疾患による休職は，過去10年近く5,000人前後で推移し，高止まりの状況が続いている（文部科学省「平成29年度公立学校教職員の人事行政状況調査」）。

　日ごろの児童・生徒への対応だけではなく，保護者による学校への不信や不満への対応，そして，いじめや児童虐待における教員への責任は強まっている。そうした子どもたちのサインに気づくためにも，教員が子どもたちと向き合える時間を確保できるように環境整備を行うことが求められ，また教員個人のがんばりに期待するのではなく，教員をも支えていく仕組みづくりが不可欠であろう。

3.　就学にかかわる支援

（1）　就学援助制度

①　義務教育の無償制と実際

　これまで見てきた子どもたちの状況以外にも，子どもたちが学校に行

けない要因は様々である。その中の一つが，第3章でも述べた子どもの貧困である。

　日本国憲法26条では，「国民の教育を受ける権利」と「教育の義務」が記されており，その中で「義務教育は，これを無償とする」という無償制についても述べられている。無償制とは，教育にかかわる諸経費について税金を使って間接的に負担する仕組みであり，公立小・中学校の授業料や教科書などは，児童生徒が代金を支払うことなく提供されている。

　しかし実際には，公立小学校に通っても年額322,310円，公立中学校では年額478,554円の学習費がかかっている（「平成28年度子供の学習費調査」）。年収が低い世帯にとっては，この教育費の負担は大きなものとなる。そうした経済的な理由によって就学が困難な者に対する制度として，就学援助制度がある。

②　就学援助制度の現状と課題

　就学援助制度は，教育基本法第4条（教育の機会均等）における「国及び地方公共団体は，能力があるにもかかわらず，経済的理由によって就学が困難な者に対して，奨学の措置を講じなければならない」，また，学校教育法の「経済的理由によって，就学困難と認められる学齢児童又は学齢生徒の保護者に対しては，市町村は，必要な援助を与えなければならない」に基づき，就学困難な児童や生徒に対して，学校給食費や学用品費，修学旅行費，医療費などを援助する制度である。

　生活保護制度世帯（要保護者）は，生活保護制度の教育扶助によって教育の援助がなされており，生活保護基準に満たないが生活が困窮している世帯に対しては，要保護に準ずる世帯（準要保護者）として援助がなされ，それらの数は平成27年度で1,466,134人である［図4-4］。どのような収入基準で準要保護世帯としての認定を受けるのか，すなわち，

年収がいくらであれば就学援助制度が受けられるか否かは，市町村がそれぞれの基準で決定している[3]。認定基準の主なものは，生活保護基準に一定の係数をかけて決めているが，その「一定の係数」も「1.1倍以下」〜「1.5倍超」まで様々であり，「1.2倍」〜「1.3倍以下」の割合を運用しているところが多い。次の［図4-4］では，就学援助を受給している児童生徒数がここ数年連続で減っているが，受給率低下には，該当する世帯の所得が増えた場合だけではなく，市町村における「一定の係数」が小さくなった場合，そして，生活保護基準自体が引き下げられた場合もある。

　これらのほかにも就学援助制度の問題点としては，「全国共通の制度としての規定がなく，先に述べた認定基準の『一定の係数』の根拠も明確ではなく，援助する内容も均一ではない」「利用が保護者に十分に周

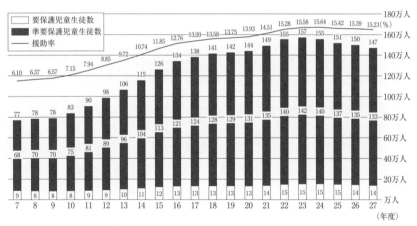

図4-4　要保護及び準要保護児童生徒数の推移（H7〜27）

（出典）文部科学省「就学援助実施状況等調査結果」

---

3)　こうした市町村による差は，特に2005年度の国庫補助負担廃止も影響している。すなわち「三位一体の改革」によって，平成17年以降は準要保護者に対する使途を限定した補助制度が廃止され，使途を限定せずに国から自治体に公布される一般財源化へとなっている。これにより，各市町村は，より単独で就学援助制度の運用を行うことができるようになり，認定基準が厳格化した市町村もある。

76

知されておらず，制度を知っても個人にとって申請しやすい制度となっていない」「就学援助制度を受けられても，教育費調査の負担額を下回る給付内容であり給付が不十分である」が挙げられている。公教育における義務教育の「教育保障」という視点から，これらの課題も改めていく必要がある。

（2） スクールソーシャルワーカー

① スクールソーシャルワーカーとは

　日本においてスクールソーシャルワークが国の事業として位置づいたのは2008年度からであり，特に子どもの貧困対策の一つとして配置拡充され活用されたことからも注目されるようになった（第3章参照）。しかし実際には，それ以前から同様の支援は展開されており，スクールソーシャルワーカーの前史としては，貧困など生活に困窮している地域における長期欠席児童への訪問教師や福祉的実践があげられる。また2000年頃からは，地域単独事業としてスクールソーシャルワーカーを配置していた地域もある。

　スクールカウンセラーが心理に関する支援に従事するのに対して，スクールソーシャルワーカーは生活や福祉に関する支援に従事すると言われる。すなわち学校を基盤として，児童生徒や家族の生活問題に対して，福祉的アプローチ（ソーシャルワークの手法）を用いて問題解決を手伝っていくものである。この「学校」を基盤として援助を展開していくことが強みであり，それは「学校」という場は特別な施設や機関ではなく，誰もが通う，よく知られた場でありながら，そこで様々な支援に繋がり，解決が図られるからである。

② スクールソーシャルワーカーの支援

　たとえば，不登校の児童生徒の支援を行う際にも，児童生徒の身体的・心理的といった個人的要因（体調や病気）だけではなく，児童生徒

をとりまく環境の要因（友人関係，教師やクラスの様子，家族・親族の状況，学校や地域の状況）にも注目し，児童生徒と環境の関係において原因を見いだそうとする。クラスのいじめ，教師の不適切な対応，家庭における親の病気や失業，きょうだいのひきこもり，非行グループからの断れない誘い，地域からの孤立など，個々のケースによって要因は様々であろう。

　そして，その解決にも社会制度や社会サービス，ネットワークなどの社会資源を用いて，関係者と連携しながら行っていく。不登校が経済的問題によるものであれば，就学援助制度や生活保護制度の活用を考え，親が精神疾患やアルコール依存などの問題を抱えているのであれば親の精神科受診を考える。その際に，これまで社会資源を使えずにきたことについても目配せすると，就学援助申請のための書類を親が読めない・書けないといった親の学力の課題や，通院するにも健康保険証がないというように，生活上の次なる課題も浮かび上がってくる。こうした問題を児童生徒や家族，そして教員や他の専門職と一緒に解決していくのである。

　また，いじめが原因であった場合も，いじめっ子に処分を下すといった「悪者探し」だけの解決ではなく，なぜいじめっ子は当該児童生徒をいじめるに至ったのか，いじめっ子の家族状況はどうなのか，いじめが生じているクラスや学校は…というように，全体的な相互作用にも目配せをして考えていくこととなる。

　スクールソーシャルワーカーは，その名前に「ソーシャル＝社会」が付いているように，当該児童生徒や家族の支援を行うと同時に，私たちが，どのような社会を目指していくのかといった，社会全体を視野に入れた支援をも展開していくのである。

参考文献

・内閣府（2018）『平成30年度　子供・若者白書』.
・国立教育政策研究所（2014）『教員環境の国際比較』明石書店.
・日本学校ソーシャルワーク学会編（2008）『スクールソーシャルワーカー養成テキスト』中央法規.
・山野則子・野田正人・半羽利美佳編（2016）『よくわかるスクール・ソーシャルワーク［第2版］』ミネルヴァ書房.
・文部科学省（2018）「平成29年度　児童生徒の問題行動・不登校等生徒指導上の諸課題に関する調査結果について」
（http://www.mext.go.jp/b_menu/houdou/30/10/1410392.htm）
・文部科学省（2018）「教員勤務実態調査（平成28年度）の分析結果及び確定値の公表について」
（http://www.mext.go.jp/b_menu/houdou/30/09/__icsFiles/afieldfile/2018/09/27/1409224_001_3.pdf）
・文部科学省（2018）「平成29年度公立学校教職員の人事行政状況調査について」
（http://www.mext.go.jp/a_menu/shotou/jinji/1411820.htm）
・文部科学省（2014）「TALIS（OECD 国際教員指導環境調査)」
（http://www.mext.go.jp/b_menu/toukei/data/Others/1349189.htm）
・文部科学省（2017）「就学援助実施状況等調査結果（平成28年度に実施した調査)」
（http://www.mext.go.jp/a_menu/shotou/career/05010502/017.htm）

5 | 非行少年と家族支援

岩田美香

《**目標＆ポイント**》 少年による犯罪や非行少年の現状について，社会的背景や少年たちの家族的背景とともに理解し，少年と家族に対する支援について学ぶ。非行少年に対する法律や処遇の実際について，社会福祉的な対応も含めて検討する。

《**キーワード**》 非行少年，少年保護，少年法の改正，少年院，児童自立支援施設

1. 非行少年と少年保護

（1） 非行少年とは

　非行少年と聞いてイメージするのは，凶悪な事件を起こす未成年者であろうか，それとも学校にも行かず仲間と夜遊びをしている少年たちであろうか。一般には社会的なルール違反や法を犯す行為をした少年少女のことを指しているが，少年法[1]では少年法第3条の「審判に付すべき少年」として規定されている少年のことで，次の3つに分類されている。

① 犯罪少年「罪を犯した少年」：刑法では「14歳になると刑事責任が問える」としていることから，14歳以上20歳未満で刑罰法令に触れる行為を行った者を犯罪少年と言う。

② 触法少年「14歳に満たないで刑罰法令に触れる行為をした少年」：

1） 少年法は満20歳未満を対象としており，満20歳未満を「少年」と呼び，満20歳以上を「成人」としている。「少年」には，男子だけではなく女子も含まれている。
　　また，この年齢区分と呼称は法律によって異なっており，例えば児童福祉法では満18歳未満を対象とし「児童」と呼んでいる。

14歳未満は責任能力がないとみなされ刑事責任は問えない。そのため，その行為は「刑罰法令に触れる行為」とされる。

③　虞犯少年「次に掲げる事由があって，その性格又は環境に照らして，将来，罪を犯し，又は刑罰法令に触れる行為をする虞のある少年」：犯罪は行っていないが，本人の性格や環境からして，このまま放置しておくことで，将来，非行や犯罪を行うおそれがある少年のことを指し，家庭裁判所の保護審判の対象とされている。また上記の少年法における「次に掲げる事由」とは次の4つである。

・保護者の正当な監督に服しない性癖のあること。

・正当の理由がなく家庭に寄り附かないこと。

・犯罪性のある人若しくは不道徳な人と交際し，又はいかがわしい場所に出入りすること。

・自己又は他人の特性を害する行為をする性癖のあること。

（2）　少年保護の理念と保護処分

犯罪をしていないのに「虞犯少年」を非行少年のカテゴリーに含めているのは意外かもしれないが，これは少年保護の考え方によっている。すなわち，行為の違法性の大小に注目するのではなく，その少年に対して保護を必要とするのか否かによって対応のあり方を考慮する立場である。

少年保護の理念は，少年法第1条に，「少年の健全な育成を期し，非行のある少年に対して性格の矯正及び環境の調整に関する保護処分を行う」とあるように，「行われた罪に応じて刑罰を科す」といった応報的な考え方よりも重視されている。非行少年に対して，非行に至った事情や，少年の抱える問題特性がいかなるもので，その解消のためにはどのような教育的介入や援助が必要かといった，要保護性に応じた特別の措置を講じて少年の福祉・健全育成を図っていくというものである。これ

は児童福祉法の理念にも通じる。すなわち少年保護における「健全育成」
には，再非行を抑制することと同時に，少年の人間的成長と発達を助け
ることが含まれている。だからこそ，非行事実の認定と同等か，それ以
上に「要保護性」の認定を重要視している。これらはいずれも，少年が
成長の途上にあり可塑性に富む，という捉え方からきている。

（3）　保護処分

　現行の非行少年の保護手続についても，基本的に非行の事実から処分
の決定に至るまでに，この「要保護性」について検討している。［図5-
1］は，警察等で検挙された非行少年の処遇の流れと平成29年における
各段階での処遇を受けた人数である（平成30年犯罪白書）。

　非行少年が警察等に補導され，検挙された後，その少年が14歳以上の
少年であれば，原則すべての少年が家庭裁判所に送られる（全件送致主
義）。ただし凶悪な犯罪を行った場合，あるいは家庭裁判所において調
べた結果，少年審判よりも成人と同様の刑事裁判にかけた方がよいと判
断された場合は検察官に送致される。

　14歳未満である触法少年と14歳未満の虞犯少年は原則，児童相談所に
送られ，14歳以上18歳未満の虞犯少年は児童相談所あるいは行為が重大
な場合は家庭裁判所に送られる。児童相談所を規定する児童福祉法の対
象が18歳未満のため，18歳以上20歳未満の虞犯少年は家庭裁判所へ送致
される。

　家庭裁判所は，司法機能と福祉機能を併せもつ機関であり，裁判官の
他に「家庭裁判所調査官」がおり，彼らが非行少年や保護者などに会っ
て少年の生育歴や生活環境など，少年の要保護性に関する調査（社会調
査）を行い，少年審判における保護処分の決定に役立てている。その間，
必要に応じて少年は観護措置として少年鑑別所に収容され，医学，心理
学，教育学，社会学などの専門知識に基づいた鑑別を受ける。その後，

（平成29年）

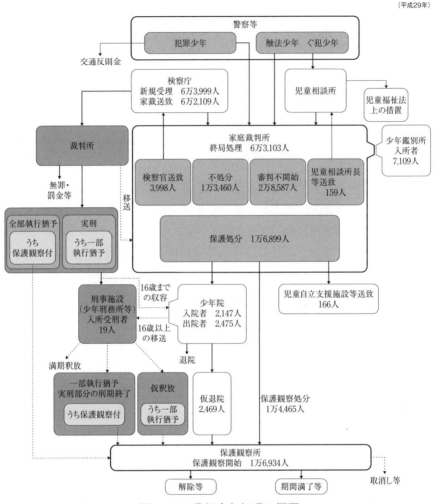

図 5 - 1　　非行少年処遇の概要

(注)　1：検察統計年報，司法統計年報，矯正統計年報及び保護統計年報による。
　　　2：「検察庁」の人員は，事件単位の延べ人員である。例えば，1人が2回送致された場合
　　　　には，2人として計上している。
　　　3：「児童相談所長等送致」は，知事・児童相談所長送致である。
　　　4：「児童自立支援施設等送致」は，児童自立支援施設・児童養護施設送致である。
　　　5：「出院者」の人員は，出院事由が退院又は仮退院の者に限る。
　　　6：「保護観察開始」の人員は，保護観察処分少年及び少年院仮退院者に限る。
(出典)　『平成30年版　犯罪白書』

審判の結果として言い渡される保護処分も，少年を「懲らしめ，罰する」ためのものではなく，非行少年が自らの行為に向き合い，立ち直らせるためのものである。

　家庭裁判所によって言い渡される保護処分には，①保護観察所の保護観察，②児童自立支援施設又は児童養護施設に送致（児童福祉法による措置），そして③少年院（第1～4種）送致がある。

（4）　児童自立支援施設と少年院

　児童自立支援施設は法務省管轄の施設ではなく，児童福祉法第44条を法的根拠にもつ児童福祉施設である。「不良行為をなし，又はなすおそれのある児童及び家庭環境その他の環境上の理由により生活指導等を要する児童を入所させ，又は保護者の下から通わせて，個々の児童の状況に応じて必要な指導を行い，その自立を支援し，あわせて退所した者について相談その他の援助を行うことを目的とする施設」である。[図5-1]にあるように，児童相談所からの児童福祉法上の措置による入所と，家庭裁判所の保護処分によって入所する場合がある。施設では，歴史的に小舎夫婦制という，実際の夫婦が一つの寮舎を担当して，より家庭的な支援を展開していることが特徴的であるが，後継者不足の問題もあり，職員による交代制の施設が増えている。さらに1997年の児童福祉法の改正によって，従来は職員が「準ずる教育」として独自に行っていた教育から，施設の中に地域の学校の分校・分教室ができ，公教育が保障されるようになった。さらに教員と施設職員との連携による教育実践も報告されている（小林 2013）。児童自立支援施設は，全国に58か所（国立2か所，公立54か所，私立2か所）あるが，入所率の低さ（平成29年12月現在，全国で3,686人の定員に対して現員が1,395人）が課題となっている。

　一方，少年院は少年院法に基づいており，2015年の法律改正（2014年公布，2015年施行）に伴って，初等・中等・特別・医療少年院の4種か

84

ら，第1種少年院～第4種少年院の4種に変更された。それぞれの少年院の対象は下記のとおりである。

①第1種少年院：心身に著しい障害がない概ね12歳以上23歳未満の者。以前の初等・中等少年院に相当する。

②第2種少年院：心身に著しい障害がない犯罪的傾向が進んだ概ね16歳以上23歳未満の者。以前の特別少年院に相当する。

③第3種少年院：心身に著しい障害がある概ね12歳以上26歳未満の者。以前の医療少年院に相当する。

④第4種少年院：少年院において刑の執行を受ける者。今回の改正で新たに設けられた。

　少年院では，法務教官と呼ばれる職員が改善更生と円滑な社会復帰を図るための矯正教育を行っている。矯正教育は，少年の特性にあわせて「生活指導」「職業指導」「教科指導」「体育指導」「特別活動指導」を組み合わせて行われている。少年院教育に関する実践の紹介や，教育についての調査研究も報告されてきている（品川 2005，広田・古賀・伊藤 2012，広田・後藤 2013）。

2. 少年非行に関するデータから考える

（1）　少年非行は増えているのか

　マスコミの報道などで少年による犯罪が繰り返し報じられると，私たちは少年による犯罪が増加しているように感じられる。内閣府による「非行少年に関する世論調査（平成27年7月調査）」においても，「5年前と比べて少年による重大な事件が増えていると思うか」という問いに対して，「増えている」とする者の割合が78.6%（「かなり増えている」42.3% +「ある程度増えている」36.3%）と高い。では，実際のデータから，どのようなことが読みとれるのかを考えてみたい。

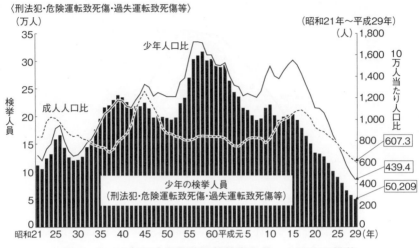

〈刑法犯・危険運転致死傷・過失運転致死傷等〉
（万人）　　　　　　　　　　　　　　　　　　　　　　（昭和21年〜平成29年）

図5-2　少年による刑法犯等検挙人員・人口比の推移

（注）　1：警察庁の統計，警察庁交通局の資料及び総務省統計局の人口資料による。
　　　　2：犯行時の年齢による。ただし，検挙時に20歳以上であった者は，成人として計上
　　　　　している。
　　　　3：触法少年の補導人員を含む。
　　　　4：「少年人口比」は，10歳以上の少年10万人当たりの，「成人人口比」は，成人10万
　　　　　人当たりの，それぞれの検挙人員である。
　　　　5：昭和45年以降は，過失運転致死傷等による触法少年を除く。
（出典）『平成30年版　犯罪白書』

　［図5-2］は触法少年も含めた，少年による刑法犯と危険運転致死傷
害及び過失運転致死傷害等の検挙人数と人口比の推移である。過去には
少年非行には，大きく3つの波があったが，近年では全体として減少傾
向にあり，少年非行が増加しているわけではない。さらに，世代ごとの
集団（コホート）の違いによる，少年の年齢（12〜19歳）ごとの非行少
年率（各年齢の者10万人当たりの刑法犯検挙・補導人員）を示したのが，
［図5-3］である。最も若い世代である「平成5年〜10年生」は，それ

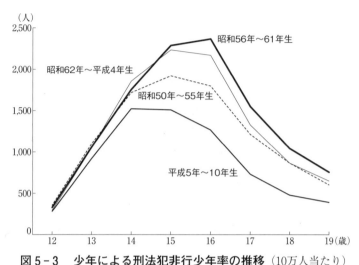

図 5-3　少年による刑法犯非行少年率の推移（10万人当たり）

(注)　1：警察庁の統計，警察庁交通局の資料及び総務省統計局の人口資料による。
　　　2：犯行時の年齢による。ただし，検挙時に20歳以上であった者を除く。
　　　3：「非行少年率」は，当時における各年齢の者10万人当たりの刑法犯検挙（補導）
　　　　　人員をいい，平成14年から26年の検挙人員については，危険運転致死傷による
　　　　　ものを含む。
(出典)『平成30年版　犯罪白書』

　以前の世代と比べて，12〜19歳のいずれの年齢においても非行少年率が
最も低い。「最近の若者」よりも「昔の若者」の方が非行少年は多かっ
た事がわかる。
　次に，少年非行が凶悪化しているかどうかについて見てみたい。[図
表5-1]，[図表5-2]は，罪種別の刑法犯少年等の検挙・補導人員の
推移である。刑法犯少年においても触法少年においても，窃盗犯が6割
前後を占め最も多く，粗暴犯が1割強と，これらで約8割を占める。凶
悪犯と言われる「殺人・強盗・放火・強制性交等」は1％前後と少ない
割合で推移している。

図表5-1 刑法犯少年等の検挙・補導人員 〈刑法犯少年の罪種別検挙推移〉

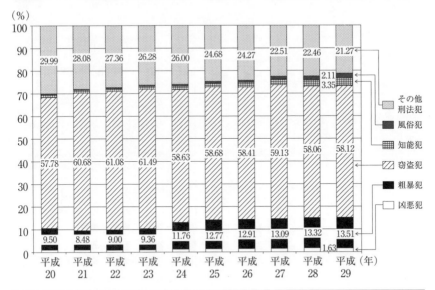

	平成20年	平成21年	平成22年	平成23年	平成24年	平成25年	平成26年	平成27年	平成28年	平成29年
総数(人)	90,966	90,282	85,846	77,696	65,448	56,469	48,361	38,921	31,516	26,797
凶悪犯	1.05%	1.05%	0.91%	1.01%	1.28%	1.39%	1.45%	1.51%	1.71%	1.63%
粗暴犯	9.50%	8.48%	9.00%	9.36%	11.76%	12.77%	12.91%	13.09%	13.32%	13.51%
窃盗犯	57.78%	60.68%	61.08%	61.49%	58.63%	58.68%	58.41%	59.13%	58.06%	58.12%
知能犯	1.25%	1.27%	1.14%	1.25%	1.47%	1.55%	2.04%	2.40%	2.64%	3.35%
風俗犯	0.43%	0.44%	0.51%	0.60%	0.86%	0.93%	0.92%	1.36%	1.82%	2.11%
その他刑法犯	29.99%	28.08%	27.36%	26.28%	26.00%	24.68%	24.27%	22.51%	22.46%	21.27%

凶悪犯：殺人，強盗，放火，強制性交等　　粗暴犯：凶器準備集合，暴行，傷害，脅迫，
窃盗犯：侵入窃盗，乗り物窃盗，非侵入窃　　　　　　恐喝
　　　　盗　　　　　　　　　　　　　　　　知能犯：詐欺，横領，偽造，背任
風俗犯：賭博，わいせつ　　　　　　　　　その他：占有離脱物横領，公務執行妨害，
　　　　　　　　　　　　　　　　　　　　　　　　　住居侵入，逮捕監禁，略取誘拐等，
　　　　　　　　　　　　　　　　　　　　　　　　　盗品等，器物破損等

（出典）警察庁「平成29年における少年非行，児童虐待及び子供の性被害の状況（改
訂版）」から作成

図表 5 - 2　刑法犯少年等の検挙・補導人員　〈触法少年（刑法）の行為態様（罪種）別推移〉

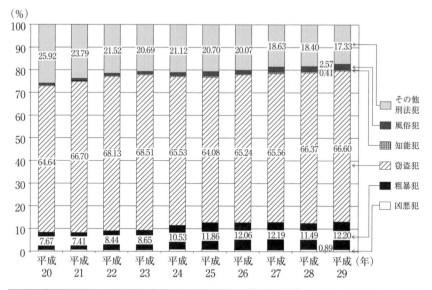

	平成20年	平成21年	平成22年	平成23年	平成24年	平成25年	平成26年	平成27年	平成28年	平成29年
総数(人)	17,568	18,029	17,727	16,616	13,945	12,592	11,846	9,759	8,587	8,311
凶悪犯	0.63%	0.79%	0.58%	0.63%	0.93%	0.84%	0.64%	0.64%	0.94%	0.89%
粗暴犯	7.67%	7.41%	8.44%	8.65%	10.53%	11.86%	12.06%	12.19%	11.49%	12.20%
窃盗犯	64.64%	66.70%	68.13%	68.51%	65.53%	64.08%	65.24%	65.56%	66.37%	66.60%
知能犯	0.37%	0.38%	0.34%	0.41%	0.44%	0.51%	0.37%	0.63%	0.56%	0.41%
風俗犯	0.78%	0.92%	0.99%	1.11%	1.45%	2.01%	1.62%	2.36%	2.24%	2.57%
その他刑法犯	25.92%	23.79%	21.52%	20.69%	21.12%	20.70%	20.07%	18.63%	18.40%	17.33%

凶悪犯：殺人，強盗，放火，強制性交等　　粗暴犯：凶器準備集合，暴行，傷害，脅迫，
窃盗犯：侵入窃盗，乗り物窃盗，非侵入窃　　　　　　　恐喝
　　　　盗　　　　　　　　　　　　　　　　知能犯：詐欺，横領，偽造，背任
風俗犯：賭博，わいせつ　　　　　　　　　その他：占有離脱物横領，公務執行妨害，
　　　　　　　　　　　　　　　　　　　　　　　　　住居侵入，逮捕監禁，略取誘拐等，
　　　　　　　　　　　　　　　　　　　　　　　　　盗品等，器物破損等

（出典）警察庁「平成29年における少年非行，児童虐待及び子供の性被害の状況（改
　　　　訂版）」から作成

（2）　少年たちの背景

①　経済状況

　非行を犯す少年とは，どのような少年たちであろうか。彼らの社会的背景をみると，少年鑑別所［表5-1］・少年院［表5-2］における「新収容者」の生活水準は，いずれも「貧困」が20％を超えており，単純な比較はできないが子どもの貧困率（2015年：13.9％）よりも高い。さらに［表5-1］と［表5-2］を比較すると，より更生や教育の手だてが

表5-1　全国の少年鑑別所における「新収容者」の生活程度

年度	富裕	普通	貧困	不詳	N
1985（昭和60）年	1.5	70.3	26.3	1.9	21,965
1990（平成2）年	2.0	76.5	19.5	2.0	17,045
1995（平成7）年	3.0	78.0	17.2	1.8	13,844
2000（平成12）年	3.4	75.0	18.7	2.9	21,710
2005（平成17）年	2.8	72.8	20.2	4.2	18,974
2010（平成22）年	2.9	70.6	23.9	2.6	13,085
2015（平成27）年	3.8	73.3	20.9	2.0	8,769

（注）　1：単位は，Nが（人），その他が（％）.
　　　2：1980年については，生活程度に関する調査項目が取られていないため，1985年からとした.
　　　3：各年度の『矯正統計年報』より筆者作成.

表5-2　全国の少年院における「新収容者」の生活程度

年度	富裕	普通	貧困	不詳	N
1985（昭和60）年	1.4	65.8	31.4	1.3	6,029
1990（平成2）年	1.8	72.9	24.1	1.2	4,234
1995（平成7）年	2.8	74.7	21.4	1.1	3,828
2000（平成12）年	2.6	73.4	23.0	1.0	6,052
2005（平成17）年	2.4	70.4	25.8	1.4	4,878
2010（平成22）年	2.8	66.7	29.9	0.6	3,619
2015（平成27）年	3.0	69.4	26.9	0.6	2,743

（注）　1：単位は，Nが（人），その他が（％）.
　　　2：各年度の『矯正統計年報』より筆者作成.

必要である少年院生の生活状況の方が各年とも貧困の割合は高くなっている。

② 家族関係

家族関係については，筆者が少年院生に行った調査結果（二瓶 2007, 岩田 2011）から見ていきたい。少年院に入る前に暮らしていた家族とは，家族そろってあるいは家族の誰かと食事をとることは少なく［表5 - 3］，家庭内の会話も，一般群の8割近くの子どもが学校や友人のことについて家族と話し合っているのに対して，少年院生は6割弱である。しかも少年院生の7割弱は，家族と「もっと話しがしたい」と望んでいる。家族での旅行やキャンプに行った経験も3割程度であり（一般群は約7割），家族に対する満足度も約4割が「不満」と回答している（一般群の「不満」は約2割）。

反対に家族が暴力をふるうことは約3割の子どもが経験しており［表5 - 4］，複雑な養育環境にあったことが推察される。平成30年の犯罪白書においても「少年院入院者の被虐待経験」を示しているが，男子で

表5-3　夕食をだれと食べますか

	少年院群		一般群（N297）
	回答者数（人）	構成比（％）	構成比（％）
家族そろって	10	9.9	48.1
家族の誰かと	18	17.8	40.8
ひとりで	31	30.7	11.1
家族以外と	42	41.6	－
合　　計	101	100.0	100.0

(注) 一般群は法務総合研究所編集（1991）「非行少年の生活・価値観に関する研究」法務総合研究所編『法務総合研究所研究部紀要刑事政策研究34』より

(出典) 二瓶隆子（2007）「少年院生の『貧困と人的関わり』―B少年院を事例に―」

表5-4　家族が暴力をふるうことはありますか

	少年院群		一般群（N3267）
	回答者数（人）	構成比（%）	構成比（%）
ある	30	28.8	7.4
ない	73	70.2	90.0
N.A.	1	1.0	2.6
合計	104	100.0	100.0

（注）一般群は総務庁青少年対策本部編集（1999）「非行原因に関する総合
　　　的研究調査」総務庁青少年対策本部より
（出典）二瓶隆子（2007）「少年院生の『貧困と人的関わり』―Ｂ少
　　　年院を事例に―」

30.9％，女子に至っては56.1％という高さで虐待を経験している。

③　教師との関係

　そんななかで，学校の先生に対する評価は高く，「好きな先生がいる」
少年院生は７割を超え，なかでも中学校の先生を好きな先生として挙げ
ている。その先生に対して「先生は頼りになる」と感じている少年院生も
７割近く，これは親戚に対する信頼度（親戚は頼りになる：４割）よりも
高いことになる。家族や親戚に期待できない彼らにとって，注意を受けな
がらも自分のことを気にかけてくれる先生の存在は大きいのであろう。

3.　少年への厳罰化と支援

（1）　少年法の改正

　少年法は1948（昭和23）年に制定された法律であるが，その後，今日
まで多くの改正がされている。主な改正内容を拾っていくと，2000年の
改正では，刑事処分の適用年齢が「16歳以上」から「14歳以上」へと引
き下げられ，犯行時16歳以上で故意の犯罪行為によって被害者を死亡さ
せた事件は「刑事処分相当として事件を検察官に戻すこと（逆送）」が

原則となった。この少年法改正の厳罰化には，少年による凶悪な殺人事件を契機にして世論やマスコミによる「厳罰化」を求める声が大きくなったことや，被害者に比べて加害少年が守られすぎているといった被害者や被害者遺族の感情への配慮という背景がある。さらに2007年の改正では，少年院送致年齢が「14歳以上」から「おおむね12歳以上」に引き下げられ，2008年の改正では原則は非公開である少年審判において，裁判官の判断により重大事件の犯罪被害者等（被害者本人，その遺族等）の少年審判傍聴を許す事ができるとした。また2014年の改正では，18歳未満の少年に対して無期懲役に代わって言い渡せる有期懲役の上限を「15年」から「20年」に延長し，不定期刑[2]の上限も「5年〜10年」を「10年〜15年」に引き上げた。検察官が係わる少年事件についても，殺人などの重大犯罪に限られていたものから2014年の改正によって窃盗や恐喝なども対象となった。

　これらの少年法改正と少年の更生については賛否あるが，「被害者への対応と加害者の処遇との不均等を解消するために，加害少年により厳重な非行責任を追求するという方向性は正しいのか」「被害者への権利擁護や支援策を充実させることによって，被害者と加害者の不均等を解消すべきではないか」「厳罰化は非行少年をいっそう追い込んで，再犯リスクを高める可能性はないのか」「厳罰化よりは，自らが犯した罪に対峙できるように人格を成熟させていく事に力を注ぐべきではないか」といった意見があがっている。

　2015年の改正公職選挙法で選挙権年齢が18歳以上に引き下げられ，2018年に成年年齢を20歳から18歳に引き下げる民法の一部を改正する法律が成立したことに伴って，少年法の年齢も18歳未満に改正する動きが

2）「3年以上6年以下の懲役」など，幅がある刑期のことを「不定期刑」と言い，上記の場合の「3年」を「不定期刑の短期」，「6年」を「不定期刑の長期」と言う。不定期刑については，短期を経過した後に地方更生保護委員会の判断で刑の執行を終了することができ，仮釈放については短期の3分の1が経過した後に行うことができるとしている。

出ている。平成29年度における少年院入院者の人員は，年少少年（14・15歳：14歳未満も含む）が153人，年中少年（16・17歳）が809人，年長少年（18・19歳：20歳に達している者も含む）は1,085人であり，年長少年が50.5％を占める（平成30年度犯罪白書）。少年院に在院している，この約半数の少年が大人と同じ手続きで裁かれることとなる。先に見たように凶悪犯の非行少年は少なく，少年非行の多くは成人でいえば「起訴猶予」レベルとなり，何の教育もなく社会に戻され，再犯の可能性が高くなることを懸念する指摘もある（朝日新聞 2019）。

（2） 非行少年からみた社会の眼差し

　非行少年は生まれたときから非行少年だったわけではなく，その育ちの過程で非行をするに至っている。先のA少年院の調査ではアンケート調査だけではなく少年院生への面接調査も行っている（岩田 2008）。面接した少年院生の一人は，母親が精神疾患から入・退院を繰り返し子育ても十分にできていないが，本人が中学生になっており生活が成立しているように見えるだけに，児童福祉施設利用とはならなかった。その結果，少年は家出をして，そこで食事や宿泊の面倒をみてくれた暴力団を頼り，最後には暴力団の先輩に言われるままに罪を重ねていったという。少年の近隣の大人についてたずねてみると，小さい頃には声をかけてくれる人もいたが，自分が大きくなり万引きなどの非行を重ねて行くにつれて「見て見ぬふりをする感じ」になったという。

　少年は家族を頼れず地域からも無視されるなかで，暴力団の「優しさ」に惹かれてしまったのかもしれない。犯罪は許される行為ではない。しかし，より早い段階で，彼と彼の家族の問題に気づき，何かしらの手だてを与えられる（あるいは何かしらの機関につなぐ）周囲の大人がいなかったのかと悔やまれる。イソップ寓話の『北風と太陽』にあるように，法律を厳しくしていくよりも，ゆっくりと着実な方法によって，非行少

年と呼ばれる以前からの彼らを見守り，あるいは寄り添って一緒に育て
ていくことが少年非行対策の近道なのかもしれない。地域において，保
育園・学校等において，そしてひとりの大人としての私たちの眼差しを
彼らは感じとっていると思う。

参考文献

・朝日新聞（2019）「少年法引き下げ『もっと悪くなれ』と同じ」2019年1月27日.
・岩田美香（2008）「少年非行からみた子どもの貧困と学校」浅井春夫・松本伊智朗・湯澤直美編『子どもの貧困』明石書店.
・警察庁「平成29年度における少年非行，児童虐待及び子供の性被害の状況（訂正版）」.
（https://www.data.go.jp/data/dataset/npa_20180907_0025）
・小林英義（2013）『もうひとつの学校―児童自立支援施設の子どもたちと教育保障』生活書院.
・後藤弘子監修（2016）『よくわかる少年法』PHP研究所.
・品川裕香（2005）『心からのごめんなさいへ――一人ひとりの個性に合わせた教育を導入した少年院の挑戦』中央法規出版.
・土井隆義（2010）『人間失格？「罪」を犯した少年と社会をつなぐ』日本図書センター.
・内閣府「少年非行に関する世論調査（平成27年7月調査）」
（https://survey.gov-online.go.jp/h27/h27-shounenhikou/index.html）
・二瓶隆子（2007）「少年院生の『貧困と人的関わり』―B少年院を事例に―」『教育福祉研究』第13号：1-12.
・広田照幸・古賀正義・伊藤茂樹編（2012）『現代日本の少年院教育―質的調査を通して―』名古屋大学出版会.
・広田照幸・後藤弘子（2013）『少年院教育はどのように行われているか―調査からみえてくるもの』矯正協会.
・法務省法務総合研究所（2018）『平成30年度犯罪白書―進む高齢化と犯罪―』法務省.

6 | 精神障がい者家族の実状と課題

南山浩二

《**目標&ポイント**》 本章では，精神障がいに焦点をあてる。戦後の隔離収容
主義に基づいた政策展開をふまえながら，日本の精神医療福祉の実状を概観
したうえで，施策が病院中心から地域中心へと移行しつつあることを確認す
る。そして，精神障がい者の地域生活と社会参加との関連で家族に着目する
意義と家族の実状や課題について理解する。
《**キーワード**》 隔離収容主義，社会的入院，精神障がい者の地域生活と社会
参加，家族

---

1. 日本の精神医療福祉の実状と家族

（1） 重要な社会的課題としてのメンタルヘルス

　国民の4人に1人が生涯において何らかの精神疾患に罹患 ｛りかん｝
する可能性があるとも言われ，自殺者の多くが精神疾患に罹患していた
可能性があるとの指摘がある。また，近年，職場でのうつ病や高齢化に
伴う認知症患者も増加傾向にあり，精神疾患患者数が増加しているので
ある。

　こうした社会的状況を受けて，2011年，厚生労働省は，地域医療の基
本方針となる医療計画の対象とすべき疾病として，従来の「四大疾病」
（がん，脳卒中，心筋梗塞，糖尿病）に，新たに精神疾患を加え「五大
疾病」とする方針を決定した［図6-1］。うつ病や統合失調症などの精
神疾患の患者は年々増え続けており，従来の「4大疾病」を上回って増

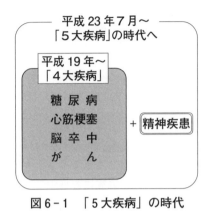

図6-1 「5大疾病」の時代

(注) 筆者が厚生労働省の政策方針の転換
を図に集約。

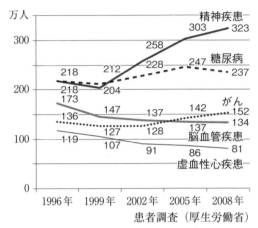

患者調査（厚生労働省）

図6-2 5大疾病患者数の推移

(出典) 一般社団法人　日本生活習慣病予防協会の
ホームページより引用
(http://www.seikatsusyukanbyo.com/
calendar/2011/001824.php)

加し続けていることから［図6-2］，重点的対策が必要との判断に至っ
たのである。今日，メンタルヘルスは重要な社会的課題の1つとなって
おり，まさに「国民的」な疾患とも言えるのである。

　本章では，精神障がい者（＝主に「統合失調症」などの精神疾患を患
い生活上の課題を抱えており，医療のみならず福祉的な支援を必要とす
る人々）に焦点をあて，精神障がい者・家族をめぐる今日的課題につい
て歴史的経緯も含め検討を加えていくこととしたい。

（2）　日本の精神医療福祉の実状

　精神障がいが，明確に福祉の対象と位置づけられたのは近年のことで
あり，他の障がいに比べ福祉施策が立ち遅れている状況にあるとの指摘
がこれまでなされてきた。平成30年版『障害者白書』によれば，精神障

がい者の総数は約392.4万人，そのうち外来患者数が361.1万人と地域で
生活する障がい者が多いと言えるが，他方，精神科病院入院者は約31.3
万人となっている。精神科病床数は全病床数の約5分の1あまりも占め
ており，諸外国に比べ対人口あたりの病床数が多く入院期間も長期にわ
たっているのである。

　戦後日本の精神医療の隔離収容主義や地域生活を支える施策の立ち遅
れを批判したクラーク勧告から既に50年以上が経過した今日において
も，本来ならば入院治療が必要ではない社会的入院者や充分な福祉的支
援を得ることなく地域で生活する精神障がい者が多数存在しているとも
言えるのである。2004年の精神保健福祉対策本部「精神保健医療福祉の
改革ビジョン」は，入院患者総数約33万人のうち約7万人が社会的入院
者であり，入院医療中心から地域生活中心への一層の転換を必要とし
た。

　この指摘などをふまえながら，精神科病院のあり方の検討や地域生活
基盤の充実，精神障がい・メンタルヘルスをめぐる社会啓発の促進など
を課題とする政策的な議論も盛んに展開されるようになった。早期発
見・早期治療が重要とされ，比較的若い初発の患者の入院期間は短縮化
されており，地域生活と社会復帰・社会参加を支援するシステム作りも
進んでいるとも言える。

（3）　家族に着目する意義

　このように，近年，日本の精神医療福祉は大きな変化を遂げているとも
も言える。しかし，精神科病床数は大幅な減少へと転じておらず，財政
的な裏付けが十分ではないなか，地域の福祉的資源のより一層の充実が
必要と考えられており，このような状況では，障がい者の地域生活の場
としての家族への期待は大きいと言えるだろう。

　これまで，いくつかの調査において，地域で暮らす精神障がい者で

「家族と同居」している障がい者の割合が高いことや，家族から自立したいと思いつつも家族に依存せざるをえないといった意識を持つ障がい者が少なくないことが明らかになっている（南山 2006）。これらのことを考えた場合，今日においても，家族をめぐる諸課題について改めて検討しておく必要があるのである。

　本章で，まず，精神障がい者家族の実状について如何なる問題点が指摘されてきたのか概観することとしたい。その際，家族によるケアを時間経過に伴い変容するプロセスとしても捉え，時間経過のなかで，障がい者・家族が経験する出来事・変化を記述するとともに，家族側の条件と障がい者側の条件の関連性を明らかにすることとしたい。そして，以上の概観をふまえつつ，「社会的排除」概念を拠り所に，障がい者・家族関係が直面しやすい課題について整理することとしよう。なお，病名については，原則として「統合失調症」を用いるが，参考・引用した学説・文献題名等については「精神分裂病」「分裂病（症）」のままとしたい。

2.　経過の長期化に伴う家族ケアの実状の変化

（1）　親の高齢化に伴う変化

　精神障がい，とりわけ統合失調症の場合，思春期・青年期に発病することが多く，経過が長期化する傾向にあると言われる。発病時，親は既に中年期以降に達していることになり，障がい者を支えつつも，経過の長期化に伴い高齢になっていくのであり，親の高齢化は精神障がい者家族の実情を考えるうえで重要な視点であると言える（石原・南山 1993）。ここでは，（財）全国精神障害者家族会連合会が実施した全国調査『精神障害者・家族の生活と福祉ニーズ家族調査』の結果を参考にしながら考えてみよう。

　まず，家族の経済状況であるが，親の高齢化に伴い，給与賃金収入世帯が減少し，年金・生活保護世帯が増加し，世帯収入が低所得層にスライドしていくことがわかる［表6-1］。親自身の健康状態や「家族内のケアの代替者」といった人的資源も，高齢層ほど悪化する傾向にあり，ケアの内実（「本人へ働きかけていること」）も高齢層ほど良好ではないことが見受けられる［表6-2］。こうした家族の資源条件などの変化に呼応する形で，障がい者の生活基盤に関する親の意識も変化していく。親の高齢化に伴い「家族と暮らすのがよい」とする割合が減少し，一方

表6-1　親の高齢化に伴う経済状況の変化

	親の年齢				
	−54歳	55-64歳	65-74歳	75歳−	計
世帯の主な収入源	人（％）	人（％）	人（％）	人（％）	人（％）
1）給与・賃金収入	401（64.2）	491（35.6）	339（16.6）	158（14.7）	1397（27.0）
2）商工自営	45（7.2）	90（6.5）	112（5.5）	53（4.9）	301（5.8）
3）農林漁業自営	28（4.5）	105（7.6）	176（8.6）	88（8.2）	403（7.8）
4）会社経営	15（2.4）	30（2.2）	25（1.2）	7（0.7）	79（1.5）
5）無職—資産収入	7（1.1）	38（2.8）	50（2.4）	25（2.3）	122（2.4）
6）無職—年金生活	72（11.5）	517（37.5）	1192（58.4）	617（57.3）	2425（46.8）
7）無職—生活保護	12（1.9）	30（2.2）	27（1.3）	32（3.0）	107（2.1）
年収					
1）50万円未満	16（2.6）	33（2.4）	77（3.8）	69（6.4）	200（3.9）
2）50～100万未満	33（5.3）	83（6.0）	231（11.3）	163（15.1）	519（10.0）
3）100～200万未満	78（12.5）	238（17.3）	447（21.9）	239（22.2）	1016（19.6）
4）200～300万未満	81（13.0）	296（21.5）	504（24.9）	224（20.8）	1108（21.4）
5）300～400万未満	82（13.1）	236（17.1）	286（14.0）	108（10.0）	714（13.8）
6）400～500万未満	54（8.6）	135（9.8）	138（6.8）	62（5.8）	389（7.5）
7）500～600万未満	44（7.0）	86（6.2）	67（3.3）	24（2.2）	223（4.3）
8）600～700万未満	46（7.4）	53（3.8）	41（2.0）	13（1.2）	153（3.0）
9）700～800万未満	41（6.6）	47（3.4）	23（1.1）	10（0.9）	122（2.4）
10）800～1000万未満	46（7.4）	46（3.3）	30（1.5）	12（1.1）	134（2.6）
11）1000万円以上	52（8.3）	38（2.8）	22（1.1）	5（0.5）	117（2.3）
全体	625（100.0）	1378（100.0）	2041（100.0）	1076（100.0）	5182（100.0）

（注）『精神障害者・家族の生活と福祉ニーズ '93（Ⅰ）—全国家族調査篇—』より作成

表6-2　親の高齢化に伴う資源条件・ケアの内実の変化

	親の年齢				
	-54歳	55-64歳	65-74歳	75歳-	計
親の健康状態					
1) 健康である	93 (14.9)	203 (14.7)	273 (13.4)	125 (11.6)	699 (13.5)
2) まあ健康である	313 (50.1)	719 (52.2)	1009 (49.4)	470 (43.7)	2534 (48.9)
3) やや思わしくない	138 (22.1)	305 (22.1)	496 (24.3)	245 (22.8)	1197 (23.1)
4) 思わしくない	46 (7.4)	101 (7.3)	172 (8.4)	140 (13.0)	463 (8.9)
家族内の世話の代替者 [複数回答]					
1) 父	297 (47.5)	591 (42.9)	637 (31.2)	249 (23.1)	1797 (34.7)
2) 母	253 (41.1)	562 (40.8)	904 (44.3)	446 (41.4)	2199 (42.4)
3) きょうだい	237 (37.9)	519 (37.7)	825 (40.4)	480 (44.6)	2074 (40.0)
4) きょうだい配偶者	22 (3.5)	73 (5.3)	192 (9.4)	124 (11.5)	412 (8.0)
5) 本人配偶者	11 (1.8)	23 (1.7)	37 (1.8)	16 (1.5)	87 (1.7)
6) 本人の子	6 (1.0)	9 (0.7)	24 (1.2)	21 (2.0)	63 (1.2)
7) その他	54 (8.6)	67 (4.9)	55 (2.7)	34 (3.2)	210 (4.1)
8) 誰もいない	96 (15.4)	221 (16.0)	327 (16.0)	181 (16.8)	836 (16.1)
働きかけている事 [在宅者・複数回答]					
1) 清潔・身なり・規則的生活	300 (48.0)	585 (42.5)	734 (36.4)	281 (26.1)	1924 (37.1)
2) 通院・服薬	271 (43.4)	544 (39.5)	741 (36.3)	294 (27.3)	1867 (36.0)
3) 病状観察・適切処置	211 (33.8)	429 (31.1)	528 (25.9)	197 (18.3)	1376 (26.6)
4) 話を聞き相談にのる	273 (43.7)	561 (40.7)	677 (33.2)	226 (20.6)	1747 (33.7)
5) 仕事への働きかけ	182 (29.1)	418 (30.3)	494 (24.2)	184 (17.1)	1288 (24.9)
6) 友人・人あたり	149 (23.8)	318 (23.1)	427 (20.9)	135 (12.5)	1035 (20.0)
7) 生活のはり	171 (27.4)	344 (25.0)	424 (20.8)	135 (12.5)	1080 (20.8)
8) お金や資産	116 (18.6)	360 (26.1)	537 (26.3)	194 (18.0)	1212 (23.4)
9) その他	19 (4.6)	72 (5.2)	109 (5.3)	51 (4.7)	264 (5.1)
全体	625 (100.0)	1378 (100.0)	2041 (100.0)	1076 (100.0)	5182 (100.0)

(注)　1：『精神障害者・家族の生活と福祉ニーズ '93（Ⅰ）―全国家族調査篇―』より作成
　　　 2：「その他」「わからない」「該当しない」「無回答」については表示を省略

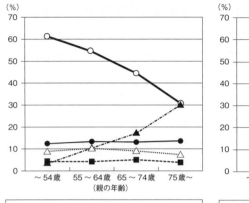

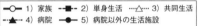

図6-3　今後2～3年の生活の場

（出典）南山浩二（2006）『精神障害者─
　　　　家族の相互関係とストレス』ミ
　　　　ネルヴァ書房

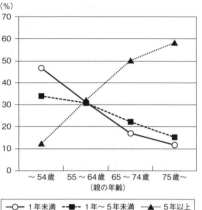

**図6-4　親の年齢階層別
　　　　　精神障がい者の入院期間**

（出典）南山浩二（2006）『精神障害者─
　　　　家族の相互関係とストレス』ミ
　　　　ネルヴァ書房

「病院にいるのがよい」とする割合が上昇していくのである［図6-3］。
また，上記のような家族側の状態や意識の変化に並行し，親の年齢が高
齢層ほど入院の割合が上昇し長期入院者（5年以上入院）の割合も増加
しているのである［図6-4］。

　以上の結果から見えてくることは，親の高齢化に伴って家族の資源条
件（経済条件や親の健康状態など）が悪化するなかで親の受け入れ意識
が低下し，また障がい者の退院可能性が低下し，入院の固定化が助長さ
れるという傾向が読み取れるのである。それでは，「親」に次いでケア
を担う可能性が高いことが考えられるきょうだい世代はどうであろう
か。

（2）「親」から「きょうだい」へ―ケアの世代的移行―

　「親なきあときょうだいが面倒をみてくれる見込み」を親世代に問う
質問への回答をもとに，きょうだいがケアを継続してくれる予定がある
場合を「連続型」，きょうだいはいるが継続の見込みがない場合を「不
連続型」，きょうだいがいない場合を「非連続型」，自活可能である場合
を「不要型」に分けた場合，不連続型が最も多く，ついで連続型が多い。
きょうだいに頼ることが難しい不連続型は，きょうだいがいない非連続
型とともに「親なきあと」をめぐり語られてきた中心的な話題とも言え
よう。

　ところが，各類型ごとに障がい者の入院状況について見てみると入院
の割合は連続型で最も多く，かつ5年以上の長期入院者の割合も連続型
で最も多いのである［表6-3］。また，障がい者が入院中の場合，退院
に必要な条件がそろったうえで退院が可能かどうかを問う質問に対し，
すでに障がい者の主な支え手となっているきょうだい世代のうち，実に
6割以上が「退院は現実的に困難」としており，その割合は親世代・配
偶者よりも顕著に多いのである［表6-4］。つまり病院が既に生活の場
となっており，この限りにおいてきょうだい世代へのケアの移行が可能
である，または，きょうだい世代がケアを担っている場合が少なくない
ことを示す結果と言えるのである。

　以上，本節では，長期的な経過における変化について，親の高齢化，
きょうだい世代へのケアの移行に焦点をあてながら概観した。精神障が
い者の地域生活が，家族による扶養を必要条件としているということで
あり，この要件が満たされなければ，入院に至る可能性が高いという，
あまりにも選択性を欠いた一つの現実を示していた。こうした事態が生
じてしまうのは，家族・病院にかわる第三の選択－地域社会を生活基盤
とすること－を可能にするような諸資源が欠如しているからだとも考え

表6-3　世話の世代的移行タイプ別入院状況

世代的移行タイプ	A：連続型 N＝1790	B：不連続型 N＝2640	C：非連続型 N＝312	D：不要型 N＝152
入在別	％	％	％	％
入院	47.9	37.5	31.4	13.2
在宅	51.9	62.2	68.3	86.8
無回答	0.2	0.3	0.3	0.0
入院期間（入院群中の％）％	％	％	％	％
5年以上入院	54.5	37.8	40.8	20.0

(注)　1：「精神障害者・家族の生活と福祉ニーズ調査」データの再分析
　　　2：回答者は親世代のみ　％のみ表示　　親全体 N ＝5182
　　　3：世代的移行4類型の分類方法
　　　　　親なきあと，きょうだい世代が面倒をみる見込みを親世代に問う質問に対する
　　　　　回答を下記のように分類。
　　　　　「約束している」「たぶん見てくれる」→ A：連続型
　　　　　「面倒を見てくれないと思う」「絶対見ないといっている」「よくわからない」
　　　　　　→ B：不連続型
　　　　　「きょうだいなし」→ C：非連続型
　　　　　「見る必要なし（既婚）」「見る必要なし（自活可能）」→ D：不要型

表6-4　回答者類型別にみた精神障がい者の退院の可能性（入院群のみ）

	回答者類型			入院群 全体
	親世代	きょうだい	配偶者	
すぐにでも退院	122 （　5.8)	19 （　1.6)	14 （　6.5)	172 （　4.2)
多少の困難，退院は可能	334 （ 15.8)	83 （　6.9)	31 （ 14.4)	508 （ 12.3)
かなりの困難，退院は可能	415 （ 19.7)	164 （ 13.7)	38 （ 17.7)	687 （ 16.7)
退院は現実的に困難	873 （ 41.4)	747 （ 62.3)	94 （ 43.7)	2024 （ 49.2)
わからない	165 （　7.8)	83 （　6.9)	21 （　9.8)	322 （　7.8)
無回答	199 （　9.4)	103 （　8.6)	17 （　7.9)	401 （　9.7)
全体	2108 (100.0)	1199 (100.0)	215 (100.0)	4114 (100.0)

(注)　1：『精神障害者・家族の生活と福祉ニーズ '93（Ⅰ）―全国家族調査篇―』p.35
　　　2：「きょうだい」には，きょうだいの他，きょうだいの配偶者も含む

られよう。

3. 家族が経験する変化やイベント

　それでは，本節では，約２年あまりのインターバルをおき実施された
２時点のパネルデータの結果をもとに，短いタイムスパンにおける障が
い者や家族の変化について見ていくこととしたい。１時点目のデータは，
前節で用いたものと同様の調査，「全国家族福祉ニーズ調査」である（以
降 T1調査と呼ぶ）。２時点目のデータは「第一回全国家族モニター調査」
（以降 T2調査と呼ぶ）であり，１時点目の調査において，今後の調査へ
の協力を承諾した「家族モニター」を対象に行われたものである。

（1）　家族イベント

　まず，T1-T2間で，家族がどのようなイベントを経験したのか見てい
くこととしたい。［表6-5］に示したイベント21項目について家族に回
答を求めた。

　その結果，家族が経験したイベント数の平均値は，1.86項目であった。
項目別に見てみると，同居家族員の病気や事故が最も多く，世帯収入額
の減少・大きな出費，親戚づき合いの変化・主治医と人間関係の変化な
どが多い。家族員の病気・事故は，その当事者が稼得中心者であれば，
世帯収入の減少につながる可能性が高く，病気やけがの治療費も家計に
影響を与える要因である。また，家族員の死去を経験した家族も７％あ
まりおり，家族員の病気・事故と同様，家族生活に大きな影響を与えた
ことが想起できる。

（2）　障がい者に関するイベント

　次に，障がい者に関するイベントである。T1-T2間に生じた障がい者
に関するイベントを把握するため，イベント11項目を列挙した［表6-
6］。障がい者イベントに関しては，障がい者の状態とは無関係に生じ

表 6-5　T1-T2間の生起した家族イベント

■家族イベント（%のみ表示）	
同居家族員の死去	7.3 %
同居家族員の病気や事故	30.5
家族の結婚（話）	9.5
就職・再就職	8.9
家族員の数の増加	3.9
家族員の数の減少	9.1
住宅の変化（新築・購入・改築など）	6.4
生計中心者の仕事からの引退	6.1
中心的な収入源の変化（転職廃業など）	8.0
世帯の収入額の減少	19.1
家計に響く大きな出費	13.6
家族内の人間関係の悪化	6.4
家族の生活時間・生活習慣の大きな変化	8.6
親戚付き合いの出来事・変化	11.6
近所付き合いの出来事・変化	5.9
友人・知人の出来事・変化	5.0
地域の生活環境の出来事・変化	3.6
病院・主治医との関係での変化	10.2
保健所や役場との関係での変化	5.0
家族会・他の患者家族との関係での変化	4.5
住居の移転	3.4

（出典）南山浩二（2006）『精神障害者—家族の相互関係とストレス』ミネルヴァ書房

表 6-6　T1-T2間に生起した障がい者イベント

■障がい者イベント（%のみ表示）	
病状	61.9 %
問題行動	21.8
社会復帰プログラム	36.9
住居の変化・部屋の使い方	12.3
勤労収入・年金など	17.8
病院・医療従事者との関係	28.0
保健・福祉の従事者との関係	14.9
同じ障がいを持つ仲間との関係	21.2
回答者との関係	35.4
回答者以外との家族との関係	28.8
それ以外の人間関係	21.4

（出典）南山浩二（2006）『精神障害者—家族の相互関係とストレス』ミネルヴァ書房

る場合（たまたま，人と出会ったなど）と，状態の変化に伴って生じる場合（病状が悪化し，社会復帰プログラムに参加できなくなったなど）が，混在していると考えられる。

　障がい者イベント数の平均値は3.12であった。病状の変化が最も多く6割以上を占める。ついで社会復帰プログラム，回答者との関係と続き，病状に関するイベント・変化が中心的なものであることがわかる。

　主にレクレーションなどの活動を通じて生活訓練を行う保健所などのデイケア，福祉的な就労の場といった社会復帰に向けたプログラムに障がい者が参加していけるかどうかについては，病状の安定化が１つの要件となっており，病状の変化と社会復帰プログラムに関するイベントは，関連して生起したことが考えられる。

（3）　変化やイベントと障がい者―家族の相互規定的関係

　以上，２時点間のパネルデータの分析結果について検討した。その結果，次のようなことが明らかとなった。約２年という短い時間経過のなかではあるが，家族は，様々なイベントや変化を経験していた。

　そして，分析結果を図表としては示していないが，T1時の高いケアストレーンが，その後の家族の健康問題を中心としたイベントの生起を誘発しており，また，高いケアストレーンを抱いている状況下でなされた家族の障がい者への対応のあり方が，障がい者の状態に対してネガティブに作用した可能性が見出されている。障がい者の先行条件もその後の変化・出来事と関連しており，家族の困難な状況は，いわば慢性化し好転しにくいことが示唆されたが，さらに，イベントや変化が家族の負担状況を更に悪化させる「累積現象」（pile-up）が確認できたのである（南山　2006）。

　では，ここで紹介していない分析結果とその知見も含めながらまとめよう。「長期的な経過」という長いタイムスパン，比較的短いタイムス

コラム6-1 〈ストレス・ディストレス・ストレーン〉

　社会学におけるストレス研究で用いられる諸概念について整理しておこう。抑うつ・不安・身体的症候など，個人によって主観的に経験される不快な状態を「ディストレス（distress）」，ディストレスを引き起こす可能性がある刺激要因を「ストレッサー（stressor）」あるいは「ストレス源」と呼び区分する。そして，ストレッサーが，ディストレスを生じさせている場合，ストレッサーと個人との関係を「ストレス（stress）」とするのである。なお，ストレッサーには，突発的に生じる急性的なストレッサーであるライフイベント（life events：生活上の出来事），ライフイベントに比べてその影響が慢性的で持続性を有するストレッサーであるストレーン（strain）があげられる。ライフイベントのような日常生活を大きく変化させてしまうような出来事でなくとも，日常生活において，個人が特定の状態（役割葛藤や役割拘束など）に置かれ続けることも，十分，ストレス状況を生起させるストレッサーと成りうるのである。
　（出典）南山浩二（2006）『精神障害者─家族の相互関係とストレス』ミネルヴァ書房。

パン双方において，家族や障がい者は様々な変化や出来事を経験しており，しかも，家族側の変化や出来事と障がい者側の状態や生活条件が関連しているのである。

　この知見から見えてくるのは，「家族」は障がい者にとって，重要な支え手としての位置にあるのであり，精神障がい者の地域生活は，家族によるケアを要件として初めて成り立ちうるということである。そして，家族ケアが困難な場合，入院にいたる可能性が高いという，あまりにも選択肢を欠いた1つの現実があったとも言えるのである。

　障がい者の「生」が，障がい者による自己決定に基づくものではなく，「家族」といういわば外的条件に影響されてしまう可能性があるのであり，コミュニティケアの発想や自己決定を中核とした「自立」概念と相対する「現実」であると言えよう。精神障がい者に関わる地域福祉やコ

ミュニティケアが重要だとの認識が広まっている今日，あらためて，家族によるケアや家族関係の内実を問いなおす意義は大いにあると考えられるのである。

4. 障がい者家族と社会的排除

それでは，前節までの議論をふまえながら，障がい者と家族の関係をめぐり浮上する諸問題を「社会的排除」という概念を用いながら改めて整理したい。社会的排除とは，おおむね，失業等により経済的困難に直面し生活の様々な局面で問題を抱え，さらに様々な社会参加の機会を奪われ社会的関係から孤立することで，社会の周縁へと押しやられていく機制を指す概念である。この概念を用いながらまとめてみると，（1）「障がい者が社会的に排除される機制への家族の関与」（＝障がい者が社会的に排除される機制に「家族」がどのように関わっているか），（2）「障がい者家族が社会的に排除される機制」（＝家族成員が障がい者であることで家族がどのように社会的に排除されてしまうのか），の2つの機制が挙げられる。この2つの機制を並置することで再確認されることは，前節までの検討でも明らかになっているが，障がい者と家族が互いの人生や生活に影響を与えあうという相互規定的な関係にあるということである（南山 2007）。

(1) 障がい者が社会的に排除される機制への家族の関与

それでは，障がい者が社会的に排除される機制への家族の関与から始めよう。この機制には，家族境界を基軸に区別される排除のベクトルの向きを基準にすれば，障がい者が家族境界の外部へと排除される場合と障がい者が家族境界の内部へと囲い込まれる場合に分けることができる。

①　障がい者を家族境界の外部へと排除する機制

　障がい者が家族境界の外部へと排除される機制には，主に，家族の受け入れ拒否と家族の社会復帰・就労への強い期待の 2 つが挙げられる。

　まず，家族の受け入れ拒否である。文字通り，家族が障がい者を受け入れることを拒み，場合によっては，その結果，入院が継続，固定化してしまうというものである。しかし，前節で確認できたように，家族の受け入れ意識を規定している要因についても検討する必要がある。これまでにも，長期入院を規定する要因として「家族の受け入れ意識」が大きく寄与しているが，家族が受け入れを拒否する意識を持つ背景には，経済状況，家族の健康状態，家族内外の人的資源など，家族の劣悪な資源状況や家族が障がい者の日常を支えていくことへの不安があるのである。つまり，障がい者の退院後の受け入れに対する家族の消極的な意識が長期入院を帰結する要因の 1 つであるということは，「病院か地域か」といった二者択一的な状況にあるということを如実に示していたと言えるのである（岡上・荒井・大島 1988）。障がい者の地域生活を実現するためには，家族への過剰な社会的期待を相対化するとともに，障がい者の地域生活を支える社会資源をより一層整備していくことが肝要であることが理解できる（南山 2006）。

　そして，家族が「病気」「障がい」を受け入れることにしばしば困難を伴うことがあり，家族が，障がい者の病状や状態，ニーズをふまえず，社会復帰や就労に強い期待を抱く場合である。障がい者本人が，「精神病」の「症状」や「生活障害」，「自己」「家族」などについて，どのように意味づけ，あるいは表現し，それとともに生活しているのかという「生きられた経験としての病い（illness）」（Kleinman 1988＝1998）に基点をおくのではなく，社会的に「標準」とされるライフコースパターン，性別役割などに関わる諸規範，スティグマ化された「精神障がい（者）」

というカテゴリーなどに家族が囚われてしまい，「病気」自体を否定あるいは楽観視し「早急な社会復帰」を促すことで，結果として，障がい者の「病状」が不安定化し入院にいたってしまう場合があることが指摘されている（南山 2006）。

② 家族が障がい者を家族境界の内部へと囲い込む機制

今ひとつは，家族が障がい者を過剰に保護・管理することによって障がい者の主体性を剥奪し，自己決定や社会参加の機会を奪い，結果として家族境界の内部へと囲い込んでしまう場合であり，とりわけ「母親」がこの機制に深く関わりやすいことが指摘されてきた。

というのも，障がい者のケアは，母親の役割であり，障がい者と母親を深く融合するシナリオが，近代家族の成立原理に潜んでいるからである。「家族であれば自然に愛情を感ずるはずである」「家族による諸行為は愛情の証である」。この2つの考え方の相補的な関係によって，家族内で行われる様々な行為が，愛情との関連で解釈されることになる。家族責任の負担は，強制ではなく，いわば愛情の証として「自発的」に個人によって担われていくものと位置づけられるのである。そして「女性は情緒的存在である」という考えが，性別役割分業を正当化し，男性を市場，女性を家庭内へとふりわけていくのである。ここに，情緒的存在としての女性―本能的に備わった家族への愛情―家事労働への自発的関与，という道筋が成立するのである（山田 1994；安積・岡原・尾中・立岩 1995）。

このようなシナリオが「障がい者は家族によって保護されるべき」とする障がい者観と融合することによって，障がい者と母親は，深い情緒的絆のもとに強固に結び付けられ，ケアに関する全責任が母親に課されることになるのである。これまで述べたような道筋からすれば，父親は，このような関係の外にあり，障がい者のケアに積極的に関与しないこと

が許容され，稼得役割を担うことが父親の家族への責務の中心となるのである。

　コミュニティケアへの移行が，「福祉的配慮」（安積・岡原・尾中・立岩 1995）を前提とするものであるならば，このことは結果として，精神障がい者を家族や地域社会の内部に閉じこめることにしかならず，コミュニティケアへの比重の移行は，障がい者の解放ではなく，地域社会の施設化（＝病院化）に帰結するとも言える。このような施設化された地域社会において，家族は，障がい者を地域社会の〈内部〉に隠蔽する主体となりうるのである（南山 2006）。

（2）　障がい者家族が社会的に排除される機制

　障がい者にとって家族が抑圧的な存在として立ち現れる場合があり，家族を障がい者にとって「望ましい」地域生活の場として無条件に措定してしまうことの問題点が指摘された。しかし，注意が必要なのは，家族は，自らも排除の対象となりうるということである。ここでは，家族のストレスとスティグマに焦点をあてることとしたい。

①　「生活する主体」「ストレスを受ける主体」である家族

　従来，精神障がい，特に統合失調症と「家族」に関連した研究は主として精神医学領域を中心に押し進められてきたきらいがある。しかも，遺伝論や病因論から家族を捉える研究や，あくまでも円滑な治療過程を保持するための協力者として家族を位置づける研究がその動向の主流を占めていたと言える。そして，とりわけ，「家族病因論」は，1950年代から1960年代にわたり，統合失調症患者の家族への支配的なまなざしの位置を保持したのであった。それに対し，社会学の立場からの接近は，まず，家族を社会システムとして捉える家族ストレス論あるいは個人レベルのストレスへの社会学的アプローチに依拠し，家族を「生活する主体」「ストレスを受ける主体」として措定したことに大きな違いがある。

すなわち，家族病因論的まなざし‐理想的な「家族」像を設定し，そこからの逸脱に「病因」を見出すこと‐を否定するとともに，家族をただ単に障がい者の地域生活を支える資源の１つとして捉えてしまうのでもなく，精神障がい者のケアを担い，ストレスを経験する存在として位置づけなおしたわけである（南山 2006）。

　これまでに，ケアそのものの困難，心身の疲労，仕事や家事などとの両立が難しいこと，ケア継続に伴う経済的困難，住宅条件に関わる困難，家族関係の葛藤や社会関係からの孤立，将来に対する見通し不安など，家族が様々な生活上の困難を経験していること，子どもの発病時，親はすでに中高年期に達している場合が多く，経過の長期化に伴い親をとりまく資源状況が劣悪になっていく傾向にあること，障がい者への共感的態度，犠牲感や扶養意識などもストレス状況の生起に関与していることなどが明らかになっている（南山 2006）。

② **スティグマと家族**

　スティグマは，障がい者だけではなく家族の生活や人生にも大きな影響を与えるものである（滝沢 2010）。ゴフマン（E. Goffman）によれば，包括社会は，「スティグマのある人と社会構造上関係をもつ人」とスティグマのある人とを「１つのもの」として扱う傾向にあり，「スティグマのある人と社会構造上関係をもつ人」たちは，スティグマに伴う「不面目」を一定程度，引き受けざるを得ない状況に置かれることになるという（Goffman 1963＝2010）。

　精神障がい者の家族も，障がい者と「社会構造上関係をもつ人」なのであり，社会は，家族を〈「精神障がい者」の家族〉として捉えており（あるいは，捉える可能性があり），スティグマによる不面目はある程度波及しうることが考えられる。たとえば，スティグマが「家族」に及ぶルートとして，「育て方」や「遺伝」などが挙げられる。「精神科通院歴」

がある人が関与した事件に関わるメディア報道では，たびたび「生育歴」に焦点があてられ，また「遺伝」については，「そういう家系」「そういう血筋」といった表現を伴いながら障がい者と家族を結び付けてしまうのである（南山 2006）。

　また，周囲の人々には精神障がいがあることが明確にわかりにくいこともあり，この場合，周囲にわかってしまうことで「信頼を失いかねない」（Goffman 1963＝2010）状況にあると言える。この状況下で，家族が，わかってしまえば生じうると考えられる周囲の「否定的反応」に常に敏感になり，周囲の「否定的反応」が生じることを回避しようとすることもある。しかし，こうした努力は，家族にとって心理的重圧となる場合が少なくなく，結果として，社会関係から孤立してしまうこともありうるのである（滝沢 2010）。

5. 新しい関係性の模索にむけて

　もっぱら家族が精神障がい者の地域生活の中心的な支え手であり続けるというやり方では，精神障がい者と家族の関係は，前節で概観したような社会的排除の機制に絡め取られてしまう可能性が高いことが理解できた。結果として，障がい者の自己決定や社会参加の機会を阻むような関係，あるいは日々の密接した生活のなかで堆積する対立や葛藤をはらんだ関係が招来されるだろう。

　家族規範に拘束された家族によるケアは家族の犠牲感を高めるとともに，犠牲感を持ちつつなされる家族の対応は，精神障がい者にとっても負担となり望ましいこととは言えない。このような点からも，義務として家族が精神障がい者を背負い込むのではなく，自発的に精神障がい者との共生を望めるような地域社会の体制づくりが必要ではないだろうか。つまり，家族や他の成員のために特定の成員に自己犠牲を強いるの

コラム6-2 〈精神障がい者家族会〉

　「私（たち）だけではなかった」「実際に思いを打ち明けることができた」「いろいろな考え方や見方があることを知った」「支援してくれる人（仲間や専門家など）がいることを知った」「情報や知識を得ることができた」。

　これらの言葉は，精神障がい者の家族が家族会に参加した際の感想をあらわしたものである。このように，家族にとって，家族会は，日常の生活から離れ一息つく場，自分と同じ悩みを持つ人が身近にいることを知り孤独から解放される場，経験を共有する場，経験を捉え返す場，エンパワーされる場などとして肯定的に位置づけられている場合が少なくない。

　精神障がい者家族会は，病院に活動の主な拠点があり入院患者の家族を中心に組織される病院家族会と地域に活動の拠点がある地域家族会の二つに分けられる。思春期・青年期に精神疾患を発症することが多いことから，これまで家族会の主なメンバーは親が多かったが，今日では，きょうだいや子，配偶者の集いや会もあり，親の立場とは異なる悩みや思いを共有する場となっている。

　こうした個々の家族会が，都道府県単位，あるいは全国レベルで広域的に結合し，偏見の払拭や公的な制度・サービスの充実などを求める運動を対社会的に展開しているのである。

　（出典）南山浩二（2006）『精神障害者－家族の相互関係とストレス』ミネルヴァ書房。

ではなく，家族成員が相互の人生や生活・自己実現などを認め合い無理なく支援し合えるような家族関係を模索していくということでもある。

　さて，本章では，「家族」として親ときょうだいに焦点を当てたが，配偶者や子どもなどといったその他の続柄も含め，議論していく必要があるだろう。なぜなら，同じく，「家族」として括られたとしても，各々の立場（＝続柄）により悩みや思いなども異なり，よって検討すべき諸課題も全く同じではなく異なることが考えられるからである。

参考文献

・安積純子・尾中文哉・岡原正幸・立岩真也（1995）『生の技法―家と施設を出て暮らす障害者の社会学―』藤原書店.
・Goffman, E,, Stigma：Notes on the Management of Spoiled Identity, Prentice-Hall, (1963)［石黒毅訳（2010）『スティグマの社会学―烙印を押されたアイデンティティ―』せりか書房.］
・石原邦雄・南山浩二（1993）「精神障害者・家族の高齢化に伴う問題」全家連『精神障害者・家族の生活と福祉ニーズ '93（Ⅰ）―全国家族調査篇―』全家連.
・石原邦雄編（2004）『家族のストレスとサポート』放送大学教育振興会.
・春日キスヨ（2001）『介護問題の社会学』岩波書店.
・Kleinman, A., The Illness Narratives：Suffering, healing and the human condition, Basic Books, 1988.［江口重幸・五木田伸・上野豪志訳『病いの語り―慢性の病いをめぐる臨床人類学―』（第3刷），誠信書房（1998）］
・南山浩二（2006）『精神障害者―家族の相互関係とストレス』ミネルヴァ書房.
・南山浩二（2007）「精神障がい者家族と社会的排除―社会的排除をめぐる二つの機制―」『家族社会学研究』18：2：25-36.
・岡上和雄・荒井元傳・大島巌編（1988）『日本の精神障害者』ミネルヴァ書房.
・滝沢武久（2010）『家族という視点―精神障害者と医療・福祉の間から―』松籟社.
・山田昌弘（1994）『近代家族のゆくえ―家族と愛情のパラドックス―』新曜社.

7 | 統合失調症と家族支援の展開

南山浩二

《**目標＆ポイント**》 まず，統合失調症である人の家族に対する家族支援について，専門家の家族へのまなざしを基点にその歴史的変遷を検討する。そして，コミュニティケアが重要視されるようになった現在，リカバリー志向の家族支援が模索され始めているが，こうした取り組みについて概観するとともに，今後の展開可能性や課題について理解を深める。

《**キーワード**》 家族の医療化―脱医療化，スティグマ，リカバリー，アウトリーチ，セルフヘルプグループ

1. 家族支援とは何か？

　統合失調症をめぐり「家族支援」の必要性がしばしば唱えられている。なぜ，家族支援が必要なのだろうか。また，家族の実状をふまえた場合，家族支援をめぐり浮上する課題はないのだろうか。本章では，統合失調症をめぐる「家族支援」を取り上げ，「家族支援」とは何か，その支援の根拠や課題も含め検討していくこととしたい。

　まず，確認しておこう。専門家が，支援・介入を行うためには，その根拠として解決すべき「問題」が必要となる。医療であれば傷病や障がいなど，福祉であれば貧困や失業などといった生活課題の存在が，専門家により認定されることが，支援・介入の前提であり，支援・介入の妥当性を担保する根拠となる。よって，統合失調症の場合では，医療や福祉などの専門職の支援・介入の焦点は，まずは，統合失調症があり生活

上の課題を抱えている統合失調症当事者にあてられることとなる。

　「家族支援」というまなざしは，統合失調症当事者をこえてさらに家族をも専門的支援の射程に置こうとするものである。このことは，統合失調症である人々を対象とした専門的支援との〈関連〉において，「家族」への何らかの支援の必要性が認識されているからに他ならない。ではどのような〈関連〉において「家族支援」の必要性が問われているのだろうか？ここでは，この疑問を中心としながら，「家族支援」の歴史的変遷を捉えたうえで，今日，如何なる「家族支援」が模索されているのか概観することとしよう。

　ところで，家族機能論の視点によれば，かつて「家族」が担っていた諸機能の多くは，近代化の過程において成立・分化した諸々の専門体系—教育，企業，医療，保健，福祉など—が担うこととなった。こうした事態は，司法，教育，医療，衛生，福祉といった「家族」の秩序維持を目的とする管理装置による「家族」の規格化の促進（ドンズロ著／宇波彰訳『家族に介入する社会』新曜社　1991などを参照のこと）とも捉えることができる。

　このような視点に立てば，医療や福祉も，一定の「家族」像を前提に，「私的領域」とされる「家族」に介入し，その生活様式，家族関係を規定していく側面を有するものでもあるとも言えるのである。本章では，医療や福祉が，こうした「家族」を規格化していく作用を有するという側面にも留意しながら，精神障がい者家族を対象とした「家族支援」のあり方について検討したい。

2.　専門家の〈まなざし〉の歴史的変容

（1）　家族をとらえる見方におけるコペルニクス的転回
　今日，精神障がい者の家族への専門家の支援のあり方は大きな変化を

遂げている。伊勢田は，精神科治療における家族支援についてまとめた
テキストの序文において，次のように指摘する。脱施設化を終え地域ケ
アシステムの構築に挑戦している海外の精神医学・精神医療は，症状・
障がい・訓練中心からリカバリー志向（＝「病気が治癒した領域であっ
ても，病気が未だに治らない領域のなかであっても，その人が人生を回
復し，社会に貢献できる意味のある役割を果たすこと」を志向）へと進
化しており，患者・家族を中心とする「人間中心のケア」へと発展しつ
つあるという。このような展開のなかで，今日，精神障がい者の家族へ
の支援における専門家のまなざしにおいて，「病理的存在とする見方」
から「家族の持つ力・ケア能力に注目する見方」「家族を治療のパート
ナーとする見方」へと，まさしく「コペルニクス的転回」とも呼べるよ
うな形で変化してきたとする（伊勢田・中村　2010）。

　この指摘でも言及されているように，家族の存在を否定的に捉える視
点から，家族の存在をより積極的に評価する視点へと，大きな変化が生
じていることが理解できるが，その変遷を専門家の「家族」へのまなざ
しの変遷として，やや詳しく考えていくこととしよう。その際，家族が
精神障がい者との関連からどのように位置づけられているのか，そして，
この位置づけに基づいた家族支援とは如何なるものか，その背景となる
議論も含め概観していくこととしよう。その際，「家族支援」を福祉の
専門家による支援に限定せず，医療などの隣接領域における治療や介入
をも含むものとして幅広く捉えることとしたい。なぜなら，すでに述べ
たように，統合失調症の家族を病理的存在と捉え治療の対象とした時代
も存在したからである。

（2）　家族の医療化—家族病因論—

①　家族病因論の登場

　統合失調症発症の原因が，病理的な家族関係に求められた時代が存在

する。牧原（1983）によれば，1950年代後半のアメリカにおいて，ウィン（Wynne）らの偽相互性の議論，ベイトソン（Bateson）の二重拘束説，リッツ（Lidz）らの世代間境界の混乱といった「家族病因論」が台頭する（牧原 1983）。社会学では，概して，医療以外の領域における諸現象が，医療に関わる諸現象として再定義され，医療の管理下に置かれていく過程を医療化（medicalization）と呼ぶが，家族病因論の登場は，まさに家族の医療化―家族が治療の対象となったこと―を意味する。

　家族の医療化には前史がある。遺伝説・器質説に対するアンチテーゼとして，家族を統合失調症の環境的要因に位置づける研究は，すでに1900年代初頭から登場する。こうした研究は，ある個人（＝将来「患者」となる者）が，幼少期から病理的な家族内の人間関係の内にあり続け，その結果として立ち現れるのが統合失調症なのであるという仮定に立つものであった。まず焦点があてられたのが母親であり，母親の拒否的態度や過保護などが問題視された。そして，母親の子への対応は，子の反応や母子の相互作用の様相に規定される部分が大きいことから，母子の病理的な相互関係に焦点があてられることとなる。そして，母子関係は，家族システムにおいて展開される複数の相互作用の1つであり，他の相互作用の影響から切り離すことができないとの着想から，研究の射程は，全体としての家族（family as a whole）へと拡張されることになる。統合失調症は，病理的な相互作用の帰結とされ，「患者」は，「病気」である「家族」が発する「症状」であり，「家族」が治療の対象となったのである（牧原 1983）。

②　家族病因論の含意

　家族病因論のそれぞれの議論では着眼点が異なってはいるが，「容易には解消しがたい」であろう「家族」の「病理」にさらされ続けることにより，「正常」な自我形成の過程が阻害され，その結果，ある家族成

員が統合失調症を発症するという点では一致している。病んでいるのは家族なのであって，家族のある特定の相互作用パターンが問題とされたわけである。

　では，家族病因論による家族の医療化は，どのような意味を持っていたのだろうか。第一に，病理を生み出す家族という仮説は，問題の所在を患者から家族へと移したことで，問題症状（あるいは逸脱行動）を異常な環境に直面した「正常」な人間の「合理的で理解可能な」反応であると捉え直したのである。つまり，患者の脱スティグマ化—異常という負のラベルからの解放—と家族のスティグマ化—異常という負のラベルの付与—という2つの意味を持つ。第二に，「「家族」以外の他の「原因」のブラックボックス化」であり，社会的性格を持った問題を「家族」に封殺する機能を果たしたということができる。そして，最後に，「家族主義イデオロギー」の強化（＝一定の家族像の強化）である（進藤，1993）。

　すなわち，ある特定の状態を「病理」とみなすことは，「正常」で「健康」な状態を前提とせざるをえないのであり，「正常」で「健康」な「あるべき」「家族」像が創設・強調されるに至るのである。では，あるべき「家族」像とはどのようなものであったのだろうか。

　おおむね，前提とされた家族は，性別役割分業（夫＝職業的役割，妻＝家族内役割）を基盤とする家族であり，成人のパーソナリティの安定化や子どもの基礎的社会化をその基本的機能とし，愛情をその形成・維持の基盤とする核家族（＝近代家族）であったと考えられるのである（南山 2006）。

（3）　地域生活を支える資源としての家族

①　脱施設化と家族病因論の衰退

　脱施設化運動，抗精神病薬の登場，施設ケアへの疑問の噴出，社会学

研究における隔離型収容施設である精神科病院批判などを背景としつつ，精神科ケアに革命的な変化が生じはじめる。他方，本格化しつつあった脱施設化の過程のなかで「回転ドア現象」（＝患者が入退院を繰り返す事態を揶揄した表現）が指摘されるようになり，退院患者を支える地域ケアの基盤をいかに強化していくかという課題に関心が集められるようになった。

　一方で，家族病因論は，1970 年代以降，急速に支持を失っていくことになる。その理由として，1）後ろ向き（retrospective），断面的（cross sectional）な研究であり，「病んでいる」とされた家族の相互作用が家族成員の発病の原因なのか，家族成員の発病の結果，家族の相互作用が病理的なものになったのかがわからないという問題，2）多くの研究の場合，対照群（統合失調症患者のいない家族）との比較を行っておらず，発病をもたらすと仮定されるある特定の相互作用の形式が統合失調症患者の家族特有のものとして必ずしも断定できないという問題，3）「病んでいる」とされた家族システムを再構造化しようとしたり，「病んでいる」家族から患者を切り離し保護するといった家族病因論に依拠した臨床実践が効果を示さなかったこと，4）統合失調症の生物学的研究の発展，5）家族の全国組織の結成と家族による異議申し立て活動の開始，などが挙げられる（南山 2006）。

②　「発病」から「再発」への視座の転換―感情表出研究―

　病院からコミュニティケアへという流れの進展，家族病因論の衰退などを背景としながら，統合失調症患者の退院予後，つまり「再発」へと関心が集まっていくのである。再入院の防止には，当事者の地域生活を支える潤沢な資源が必要であった。そして，当時，退院後，家族と同居していた者が多かったことから，家族に対して，障がい者の地域生活を支える重要なアクターであるというまなざしが向けられるようになった

のである。しかも，障がい者の再入院防止という観点から，再発可能性
が低い家族環境が着目されたのである。

　このように，家族病因論にかわって支持を集めたのが感情表出
（Expressed Emotion）研究であった（大島 2010）。この研究は，家族
の感情表出と，患者の退院予後との連関を明らかにしようとする研究で
あり，その萌芽は，脱施設化が進行しつつあったイギリスに見いだすこ
とができる。脱施設化の進展しつつあったイギリスにおいて，患者の多
くが，退院後，家族のもとに戻っており，退院後の患者の生活の場とな
った生活集団の種類によって再発率が異なること，家族条件の違いと再
入院率とに一定の関係があることが明らかになった。これまで，「批判」
「敵意」「過度の情緒的巻き込まれ」といった家族の感情表出が，患者の
再発を誘発する要因であることが確かめられ，日本も含めた諸外国で追
試が実施され，EE 研究の実践への応用可能性に対する評価が定着した
と言われている（大島 2010）。

　こうした感情表出研究の成果は，家族を対象とした心理教育プログラ
ムの基盤となる。すなわち，家族が，再発をもたらさないような環境と
なるためには，教育が必要とされたのである。感情表出研究における知
見を主たる基盤とする心理教育プログラムは，再発率の低減という現実
的な課題に焦点をあてたことで，コミュニティケア推進にとって重要な
援助実践として位置づいていくことになり，進歩する薬物療法と同様に，
必要とする家族すべてに心理教育プログラムを提供する必要があるとの
認識が広まっていくのである（大島 2010）。

③　感情表出研究と心理教育プログラムの含意

　この研究や援助プログラムは，病因論的まなざしからの家族の解放
（＝家族の脱スティグマ化）を試みたものであったのであり，病因とい
うラベリングのダメージに疲弊していた家族に歓迎される条件をそなえ

ていたと言える。しかし，このことは，一方で，統合失調症のさらなる
医療化や統合失調症をめぐるスティグマの温存を許容したとも言える。
感情表出研究や心理教育は，生物学的―心理的―社会的アプローチが有
効との認識から，生物学的なアプローチ，特に薬物療法を肯定する立場
にある。隔離収容主義時代の劣悪な医療状況を生き抜いた精神医療サバ
イバーの中には，家族が，無分別に精神医療信奉者となることへの強い
危惧を表明したものも少なくなかったのである（南山 2006）。

　また，研究・実践の視座を発病から再発へと転換させたとはいえ，依
然として，家族の相互作用に焦点をあてていたということである。この
ことは，「再発」させない「家族」たることを目標とするものであって，
「再発」させない理想とすべき「家族」のあり方を前提とするものである。
感情表出研究や心理教育プログラムでは，現に患者とされる人をサポー
トしうる人々が対象であり，近代家族のような一定の構造と機能を有す
る家族を，必ずしも前提にしているわけではない。しかし，こうした研
究と諸実践は，「家族」とカテゴライズされる人々を「患者」の「治療
の協力者」として再定義し，再び，専門家の支援対象として位置づけよ
うとしたものであると言える（南山 2006）。

④　「生活者としての家族」という視点

　既にみてきたように，感情表出研究と心理教育プログラムは，家族を，
コミュニティケアにおけるサポートシステムの重要な一部として捉えて
いる。しかし，あくまでも再発予防との関連で家族が位置づけられてい
る以上，結果として，「発病」にかわり新たに「再発」に関わる責務を「家
族」に問うことに繋がってしまうという可能性もある。

　また，家族外資源の問題や家族以外のサポート体制への関心が，充分，
伴わない場合，家族以外の原因を探求することの可能性を喪失するとい
う病因論と同じ轍を踏むことになる。こうした懸念にも対応する形で，

家族のストレスや生活上の困難への関心も同時に高まっていく。

　日本でも，統合失調症当事者にとって，家族は，確かに身近な支え手とも言えるが，家族も自身の生活と人生を営む人々であることを考えると，家族のストレスや困難をいかに解消していくかが重要との指摘がなされてきた。つまり，「援助者としての家族」だけではなく「生活者としての家族」という側面にも考慮しながら，家族への専門的支援が行われるべきとの指摘である（大島 2010）。こうした主張は，第6章においても概観したような家族が置かれた困難な状況をふまえたうえで，家族を支える制度サービスの整備や家族を支える支援の必要性を唱える議論や実践に結び付いていくこととなった。

3. リカバリー志向の家族支援

　前節までの検討の結果，家族へのまなざしは「病因としての家族」から「重要なケア提供者としての家族」あるいは「生活者としての家族」へと変遷してきた。そして，すでに述べたように，現在，家族支援においては，さらにリカバリー志向の実践が行われており，日本においても徐々にではあるがそうした実践が行われ始めている。リカバリー概念は，元来，精神障がい当事者に関わる視点として生まれたものであるが，今日では，家族支援においても援用されている。ここでは，やや迂回することとなるが，精神障がい当事者に関わる視点として登場したリカバリー概念とは何か，あるいは従前の医学モデルとの対比からその含意について検討することとする。そして，今日，家族支援において志向されるリカバリーとは何か，またこの視点に基づく家族支援とは何か，検討する。

（1）　リカバリー（Recovery）──固有な人生・生活への焦点化

　アメリカでは，州立の精神科病院を中心に急激に進行した脱施設化に

伴い，精神医療ユーザーの生活環境が病院から地域社会へと移行した。その結果，精神薬理学的処置に依拠するケアマネジメントを基盤に，サービスの多くが，ケアマネジャー，ソーシャルワーカー，看護師，リハビリテーション相談員らによって供給されるようになった。そして，さらに今日，精神医療保健福祉分野において，従来の医学モデルや専門家モデルとは異なる新たな思想と実践が広く共有され始めている。障がい者・家族のニーズや自己決定を基盤に，彼らの人生や生活を支援しようとする実践が展開されているのである。こうした諸実践では，これまで，専門家主導のもとパターナリズム（＝患者・クライエントは素人で無知ゆえ専門家の指示・決定に従うべきであるとする考え）に陥りやすかった，専門家と当事者・家族の関係をパートナーシップに基づく成人―成人関係と捉え直すとともに，当事者・家族が地域社会において一定の社会的役割を有し社会に包摂されることを念頭に，彼らの挑戦を包括的に支援するサービス提供が目指されるようになっている。

　以上のようなメンタルヘルス領域におけるパラダイム転換とも言える動向を象徴する概念がリカバリー（Recovery）である。リカバリーは，精神疾患を持つ当事者の手記の公開を機に1980年代あたりからアメリカで普及した概念である。リカバリーは結果ではなくプロセスを示し，その焦点は，症状や障がいではなく，人生の新しい意味と目的の創造にある（野中 2012）。

（2）　リカバリー志向の実践――アメリカロサンゼルスビレッジ ISA

　では，リカバリー概念への理解を深めるために，リカバリーという新たな視点を中核とした先駆的な諸実践の中から，ロサンゼルス郡精神保健協会（MHA：Mental Health America of Los Angeles）のビレッジ ISA（Village Integrated Services Agency）を取り上げ，リカバリーの過程を概観しよう。なお，ビレッジ ISA は，精神障がい者を対象とし

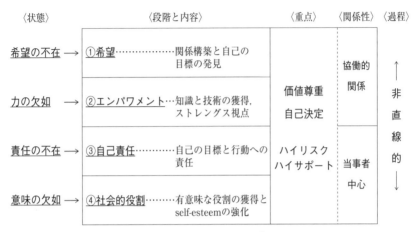

図7-1　リカバリーのプロセス

(注) 南山 (2011) より引用，一部加筆。Ragins (Ragins 2002＝2005) の議論，ビレッジ
ISA の HP (http://www.mhavillage.org)，ビレッジ ISA セミナーImmersion での講
義および講演内容を記述したフィールドノーツなどをもとに筆者が作成

たサービス提供機関であり，雇用・住居・地域統合と生活支援・教育・
医療など，多面的な支援を統合的・総合的に提供することをその活動の
特徴としている（仁木 2011）。

　リカバリーには，希望，エンパワメント，自己責任，社会的役割の獲
得の4つの段階がある［図7-1］。リカバリーは，尊厳と希望の回復，
利用者が設定した目標にむけ地域生活を具体化していくプロセスを示し
ており，その焦点は，疾患（の治癒・寛解）にあるのではなく，人生・
生活におかれているのである（Ragins 2002＝2005）。

　伝統的医学モデルに依拠するサービスでは，専門家主導のもと病状の
コントロールが優先され，高いストレスの負荷は極力避けられる傾向に
あった。それに対して，ビレッジ ISA のサービスは，あくまでもその
焦点が，尊厳・希望・人生・生活の回復にあるため，薬物の投与は最小

限に抑えられ，症状の存在はネガティヴなこととしてみなされていない。サービスは，メンバーとスタッフの相談と協力により決定され，メンバーとスタッフ間の関係は成人対成人を特徴としている。サービス提供や方針の決定において重要視されているのが，メンバーのナラティヴ・価値の尊重と共有・反映，自己決定の尊重である（Ragins 2002＝2005）。

（3）　伝統的医学モデルとリカバリーモデルの対比

　それでは，従来の伝統的医学モデルとの対比を通じて，ビレッジ ISA の実践の基底をなす主要概念であるリカバリー（Recovery）の含意とその実践の特徴について検討したい［表7‐1］。Ragins（1998）が指摘したように，その対比からうかがえるのは，まさにパラダイムシフトとも呼べるものである。コミュニティケアの時代，当事者がコミュニティ

表7‐1　メンタルヘルス領域におけるパラダイム転換
——伝統的医学モデルとビレッジ ISA リカバリーモデルとの対比——

	伝統的医学モデル	リカバリーモデル
【パラダイムの照準】 焦点 第一義的なゴール 対ストレス 投薬と症状	疾患 症状安定・寛解，障害の軽減 ストレスの最小化 投薬による症状のコントロール	Life（生命・生活・人生） 尊厳・希望・生活・人生の回復 リスクをおかす 最小限の投薬・症状の是認
【当事者の位置と関係性】 当事者 専門家の期待と意識 専門家との関係性 当事者の語りの位置	受身的存在 低／絶望（諦観） 依存型・パターナリズム 専門知による翻訳	能動的存在 高／希望 成人対成人 生きられた経験
【サービス供給】 サービス供給 サービス・治療方針 サービス提供	医療を基点とするサポート 専門家による決定 保護された環境でのサービス	ハイリスク・ハイサポート，包括的 ゴールの共有とプランの共同作成 地域社会でのサービス

（注）南山（2011）より引用。Ragins（Ragins 2002＝2005）らの議論，ビレッジ ISA の HP（http：//www.mhavillage.org），ビレッジ ISA セミナーImmersion での講義および講演内容などを記述したフィールドノーツをもとに筆者が作成

の一員として包摂されていくことを目指すのならば，政策やサービスの焦点は必然的に当事者の人生や生活のあり様や生活の質にあてられることとなる。

こうした発想は，従前の伝統的医学モデルの諸特徴をことごとく逆転させていく試みであったとも言える。たとえば，服薬自体はビレッジISAにおいて全否定されるわけではないが，単に症状をおさえるための薬なのではなく，「希望」や「具体的イメージ」の実現にとって一定の「精神症状」があり，これが目的達成のために障壁となっていると認識されているのならば，服薬もとりうる手段となるのである。

また当事者とスタッフ（専門家）の関係であるが，医学モデルにおける非対称的な関係をのりこえるべく，自己決定や価値の尊重，成人対成人の関係，パートナーシップなどが重要視されており，さらにピアによるセルフヘルプがリカバリーにとって望ましいという認識が示されている。権力関係も含めた両者の関係性とともに，個々の役割についても再検討を加えているのであり，ピアの場合，サービス提供者の役割が追加されているのである。

そして，ビレッジISAにおけるリカバリーのバックグラウンドには，当事者やサービス供給者によるリカバリー概念の共有だけではなく，その思想を具現化する包括的資源・サービスの継続的な供給，そしてこうした諸実践を支える潤沢な財源（州政府による予算配分，企業や個人による献金など）があるのである（仁木 2011）。

（4）　リカバリー志向の家族支援とは？

以上，精神障がい者のリカバリーについて，リカバリー志向に立つ実践例も紹介しながら検討した。では，リカバリー志向の家族支援とは何か？ここでは，先に検討したビレッジISAにおける実践例も参考にしつつ検討することとしよう［表7-2］。

　支援の照準は，あくまでも，家族自身の生命・生活・人生にあり，よって，家族自身の尊厳・希望・人生・生活の回復が支援のゴールである。こうした第一義的なゴールの達成にとっては，障がい者の地域生活の継続にあたり家族が現に果たしている役割を軽減し，ストレスや生活上の困難，不安の軽減・解消が肝要となると言える。

　家族の固有のニーズと自己決定が大前提となり，ゆえに，専門家との関係においては，家族は能動的存在であり，家族―支援者との関係性は，パターナリスティックな関係ではなく成人対成人関係が目指されることになるだろう。

　そして，サービス供給については，居宅等，家族が住む地域社会での供給が原則であり，家族のストレスや生活上の困難と不安が増幅されていれば，当然の事ながらサービスは質・量ともに増強されるとともに，基本的に医療・福祉等，より包括的な支援が必要となることなどが考えられる。

　以上，リカバリー志向の家族支援とは，家族を固有な人生・生活を有する存在として位置づけ，家族のストレスと生活上の困難・不安を軽減・解消するとともに，家族自身のリカバリーを促進する支援だと考え

表7-2　リカバリー志向の家族支援

【支援の照準】	支援の焦点 第一義的なゴール ストレス・困難・不安	Life（生命・生活・人生） 尊厳・希望・生活・人生の回復 軽減・解消
【家族と専門家】	家族の位置づけ 専門家の期待度と意識 家族と専門家の関係性 家族の語り	能動的存在 高い期待と希望 成人対成人の関係 生きられた経験
【サービス供給】	供給されるサービス 方針の決定 サービス提供の場	ハイリスク・ハイサポート，包括的なサービス ゴールの共有とプランの共同作成 地域社会でのサービス

（注）筆者が本論での議論をもとに作成

られよう。別言すれば，とかく「援助者としての家族」という側面が強調されがちな家族を「生活者としての家族」と位置づけ支援していくことこそがリカバリー志向の家族支援であると言えるだろう（大島 2010）。

4. 家族支援の現在

（1） アウトリーチサービス
① 「医療・福祉の最先端」としてのアウトリーチ

　アウトリーチとは，端的に言って訪問であり，主に専門家が，居宅などサービスの利用者が暮らす地域社会に直接出向き，専門的サービスを提供することである。

　メンタルヘルスサービスを施設収容型から地域社会中心へと移行させた海外の先行事例を概観すれば，訪問型支援であるアウトリーチが中心的なサービス提供の一つとなっており，精神保健政策や実践の主要なゴールとしてリカバリー（Recovery／生活・人生・尊厳・希望の回復）が位置づいている（Watson 2012）。また，リカバリー志向の実践の中核的視点の一つが，ストレングスモデルである。この議論においては，従来の実践が依拠していた欠損モデルの限界をのりこえるアプローチとして，個人のストレングス（Strength／個人の属性（性質・性格），才能・技能，関心・願望，環境のストレングスなど）に照準した実践の重要性が強調されている（Rapp & Goscha 2011＝2014）。

　長らく隔離収容型施策を展開し「精神病院大国」とも評されてきた日本において，訪問型支援は「医療・福祉の最先端」（高木 2008）であると言われる。また，2010年代に入り，「入院・施設ケア中心であった日本の精神保健システムは，「アウトリーチ」「重い精神障害がある人の地域生活支援」という地域ケアに大きく転換しようとしている」（三

品 2013）のであり，精神保健医療改革の中心として訪問型支援が明確
に位置づけられるようになってきている。

　こうしたアウトリーチの対象は統合失調症の当事者に他ならず，一見
すると家族支援に該当しないサービスのように思える。しかし，アウト
リーチの重要な支援メニューの 1 つでもある家族相談などを通じ家族の
不安や疑問が解消されるとともに，専門家による統合失調症当事者への
直接的な支援によって家族のケア負担や生活上の困難が軽減されること
にもなる。このような意味において，アウトリーチは，家族支援として
の要素も含んだサービスだと言える。

　ところで，統合失調症当事者が利用する訪問サービスには，ACT
（Assertive Community Treatment：包括型地域生活支援プログラム）
と ACT 以外の訪問型支援がある。後述するように，ACT は重度の精
神障がいがある人を対象とするものであるが，ACT の対象とならない
場合でも，一定程度の必要性が認められれば，訪問支援が提供される
（ACT 以外の訪問支援）。

② **ACT（Assertive Community Treatment：包括型地域生活支援プ
　　ログラム）**

　統合失調症や躁うつ病など重篤な精神障がいがある人が地域での生活
を継続していくことができるよう，多職種の専門家等からなるチームが
サービスを提供していくプログラムが ACT（Assertive Community
Treatment：以降 ACT とする）である。ACT は，アメリカウィスコ
ンシン州マディソン市で始められたものであり，入院期間の短縮・地域
生活の安定・利用者の満足度などについての効果が認められているプロ
グラムである。日本語では，通常，包括型地域生活支援プログラムと訳
されている。assertive とは，「積極的」という意味であるが，医療・福
祉両面において包括的にサービス提供を行うことから，このように訳さ

れているのである（COMHBO 2010）。

　サービス提供の場は，利用者やその家族などが生活している居宅や地域社会であり，チームメンバーが直接訪問しサービス提供を行う。原則，24時間365日体制で行われ，緊急時の対応をはじめ利用者のニーズに応じて柔軟にサービス内容を調整することなどを基本とするものである。

　ACTでは，キャッチメントエリア（＝サービス対象地域）を限定し，ケースロード（＝職員一人あたりのサービス利用者数）も一定程度におさえている。このことによって，個々の利用者に対して，24時間体制で，集中的かつ包括的なサービス提供が可能となるのである（COMHBO 2010）。

③　ACTの主な前提

　ACTの主な前提には次の３つがある（COMHBO 2010）。

　第一に，入院は急性期治療に限定されるべきもので精神科病院は生活の場ではないと明確に捉えていることである。つまり，あくまでも障がい者の生活の場は地域社会なのであり，障がい者が地域生活を継続していくことを支援するサービスだと言える。

　そして，ACTも，医学モデルによらない，リカバリー（recovery）志向の実践であり，支援の焦点は障がい者の尊厳・希望・生活・人生にあるということである。支援においては，当事者のニーズや自己決定が尊重されるとともに，サービス利用者と支援者の関係は成人対成人の対等な関係性が基本となる。

　３つ目が，いわゆるストレングス（strength）視点と呼ばれるものである。ストレングスとは，強みや長所といった意味の概念である。利用者や利用者を取り巻く環境（社会関係など）が有する能力や可能性，利用者の興味関心や希望が存在していることを前提とし，それらを尊重し基調にしながら支援を展開していくのである。

（2）　セルフヘルプグループ

①　セルフヘルプグループ（self-help group）

　次にセルフヘルプグループ（self-help group：以下 SHG とする）について取り上げよう。後述するように，SHG は専門家による支援ではなく，同じ問題を抱えるピア（peer＝仲間）による相互援助的活動である。従来の専門家主導のサービス提供の問題性や限界をのりこえる機能を有しているものとして，今日，広くその重要性が認識されるようになっており，医療・福祉などの専門家も統合失調症当事者のみならず，家族にとっても重要な地域資源であると考えているのである。また，SHG は，参加者の自尊心，人生や生活の回復を目指すものでもあり，リカバリー志向へとサービス提供が転換している現在，さらにその存在意義は増していると考えられるのである。

　SHG とは，一定の問題を共通項とする人々の自主的な参加により生成されるグループであり，セルフヘルプ（self-help）には，自助・独立と相互援助（mutual aid）の 2 つの意味が含まれ，SHG は，同じ問題を抱えるピア同士が支え合うグループ（久保 2004）である。今日，医療・福祉などの領域でいえば，具体的には，疾病・難病・障がい・アディクションの当事者の会やその家族の会，遺族の会などが存在する。もちろんのこと，精神障がい者家族の会も該当する。それでは，精神障がい者家族にとって SHG はどのような意義があるのだろうか。

②　SHG の意義

　グループへの参加によって同じ立場にある他者の存在を知り，グループの活動を通じて，態度を変更し，知識を獲得し，社会化され，心理的防衛を取り除いていくのであり，このプロセスのなかで，「自分だけという感情」（"Ｉ" feeling）は「我々感情」（"we" feeling）へと変容していくのである（久保 2004）。特に，統合失調症などの精神障がいの場合，

スティグマの問題は看過できない。自身が内面化した精神病イメージ，他者の否定的反応の予期やそれに伴う心理的重圧ゆえ社会関係から孤立しがちな精神障がい者の家族にとって，SHG は，自身を肯定的に受け入れてくれる重要な場となることが多い（南山 2006）。

SHG は，メンバーがそれぞれの経験や問題を語り他のメンバーと共有しながら，経験や問題，そして自己への理解を深めとらえ返すことで，問題状況の解決の糸口を見いだそうとする場でもあり，この営みにおいて重要視されるのが当事者の経験知なのである。

さらに，SHG の意義として挙げられるのは，ヘルパー・セラピー原則（＝「人は援助することで最もよく援助を受ける」）である（Gartner & Riessman 1977＝1985）。統合失調症の患者やその家族は，確かに時として専門家による支援を必要とする人々であるということができるが，他方で，当事者ゆえに有する経験知に基づき非専門的援助を提供できる存在でもある。ニーズに合致した援助をしていくために，問題や経験についての理解を深めていくことになり，他者の役に立つという経験が自尊心の回復を助けエンパワメントをもたらすのである。

5. 「家族支援」の今後の展開にむけて

家族への専門家のまなざしの変遷は，大まかに言って，家族を病気の原因とみる「家族病因論」の時代から，家族をコミュニティケアシステムの一部に位置づけていく時代へと推移し，そして，今日ではさらに「家族のリカバリー論」も登場していることについて概観した［表 7-3］。そして，こうした視座の転換をふまえつつ，家族のリカバリーやストレングスに関わる家族を支える取り組みとしてアウトリーチとセルフヘルプグループについて言及した。

最後に，「家族支援」の今後の展開可能性をめぐり留意すべき点につ

表7-3　統合失調症を持つ人の家族への専門家のまなざし

時期	家族への まなざし	家族の位置	専門的支援・介入	基盤となる理論・議論	前提となる「家族」
1950年代	家族病因論	病因としての家族	家族療法	Wynne らの偽相互性，Bateson の二重拘束説，Lidz らの世代間境界の混乱など	近代家族（夫婦＋未婚子からなり愛情が家族関係の基盤で性別役割分業）
1970年代後半〜	コミュニティケアシステムの重要な要素	重要なケア提供者としての家族	家族心理教育	家族の感情表出研究など	主に同一世帯で直接的にケア提供が可能な家族
現在	家族自身のリカバリーも重要とする議論	固有な生活と人生を有する家族	家族のリカバリー促進に照準する支援	家族のリカバリー論，ストレングスモデルなど	家族自身にとっての家族の有り様の尊重

（注）筆者が，本章での議論をもとに作成

いて確認しておこう。統合失調症がある人に家族が存在しその家族が身近な支え手であるとすれば，専門家は，支援のスタートにおいて，現存する家族関係と「援助者としての家族」という役割をある程度，前提とすることになるだろう。しかし，親などの死去などによる〈家族の消滅〉という不可避的なイベントを考慮すれば，また，家族のリカバリーの促進という目的からしても，「援助者としての家族」という視点に終始することには限界があるのである。こうした認識にたてば，専門家の関心は，援助過程において，自ずと家族のリカバリーへと重心を移行させていくことが求められていると考えられる。

> ### コラム7-1 〈精神障がいのある人を含めた家族全体を対象とした家族支援〉
>
> 　本章でふれたように，「家族」の捉え方によって「家族支援」の目的や内実は大きく異なってしまうのである。「家族」をもっぱら障がい者の支え手・援助者・支援者と捉えてしまう「家族支援」では，障がい者本人への支援が主な目的となるため，家族自身のニーズや生活・人生に照準を合わせた支援は後回しになりやすいと言えるだろう。しかし，今日，「家族」を生活者としても位置づけたうえで家族を支援していこうとする実践例が存在するのである。
>
> 　その具体例の一つとして英国メリデン版訪問家族支援（Family Work）がある。バーミンガムにある NHS（National Health Service／イギリスの国営医療サービス事業）の研修機関 Meriden Family Programme で研修が行われている訪問家族支援の技術であり，精神障がいがある人を含めた家族全体を対象とした家族支援のモデルである。
>
> 　家族を支え手・援助者・支援者として位置づけた支援ではなく，障がい者と家族を共に支援していくこのプログラムに対する家族や専門職等の期待は高く，現在，日本でもその普及が進められている。

参考文献

・Gartner, A. & Riessman, F., Self-Help in the Human services., Jossey-Bass Publishers, 1977.［久保紘章監訳（1985）『セルフ・ヘルプ・グループの理論と実際』川島書店］.
・伊勢田堯・中村伸一編（2010）『精神科治療における家族支援』中山書店.
・伊藤順一郎（2012）『精神科病院を出て，町へ―ACT がつくる地域精神医療』岩波書店.
・久保紘章（2004）『セルフヘルプ・グループ―当事者へのまなざし―』相川書房.
・牧原浩（1982）「分裂病の家族の臨床的・実証的研究」加藤正昭他編『講座家族精神医学2』弘文堂.
・南山浩二（2011）「メンタルヘルス領域におけるリカバリー概念の登場とその含意―ロサンゼルス郡精神保健協会ビレッジ ISA に焦点をあてて―」『人文論集』62，1：1-20.

・南山浩二（2006）『精神障害者—家族の相互関係とストレス』ミネルヴァ書房.
・三品桂子（2013）『重い精神障害がある人への包括型地域生活支援—アウトリーチ活動の理念とスキル—』学術出版会.
・仁木美知子（2011）『リカバリーの実践—ヴィレッジ ISA の活動—』精神保健福祉交流促進協会.
・野中猛（2012）『心の病—回復への道』岩波新書.
・地域精神保健福祉機構・COMHBO（2010）『ACT ガイド』地域精神保健福祉機構・COMHBO.
・大島巌（2010）「なぜ家族支援か—「援助者としての家族」支援から,「生活者としての家族」支援,そして家族のリカバリー支援へ」『精神科臨床サービス』10-3：278-283.
・Ragins, M., A Road to Recovery, MHA, 2002.［前田ケイ監訳（2005）『リカバリーへの道』金剛出版］.
・Rapp, C. A., & Goscha, R. J., The strengths model：Case management with people with psychiatric disabilities（third ed.）., New York: Oxford University Press., 2011.［田中英樹監訳（2014）『ストレングスモデル—リカバリー志向の精神保健福祉サービス—』第 3 版,　金剛出版］.
・進藤雄三（1993）「『医療化社会』と家族」『ターミナル家族』NTT 出版.
・高木俊介（2008）『ACT-K の挑戦—ACT がひらく精神医療・福祉の未来』批評社.
・Watson, D. P. The Evolving Understanding of Recovery：What Does the Sociology of Mental Health Have to Offer?., Humanity & Society 36（4）290-308., 2012.

8 │ 人生の終末期にある人の家族
　　　　　—その経験と困難—

株本千鶴

《目標＆ポイント》　現代社会における「死にゆくこと」の特徴と，人生の終末期にある人，なかでもがんの末期にある人の家族の経験と困難について理解する。特に，現代社会では人生の終末期に医療が利用される場合が多いため，医療の提供と利用のなかで起きる，終末期にある人の家族をめぐる問題について学ぶ。
《キーワード》　死のタブー視，「死にゆくこと」の医療化，予後告知，予期悲嘆

1.「死にゆくこと」の現代的特徴

　死にゆくという社会的行為を分析した代表的な先行研究を取り上げ，そこで明らかにされた現代の「死にゆくこと（dying）」の特徴を見てゆこう。なお，ここで用いる「死にゆくこと」とは，「自己の死が訪れることを，予測あるいは認識している状態にある人が，死ぬまでの過程でいとなむ社会的行為」を指すこととする[1]。

　歴史家アリエスは，人びとの心性の変容を中心に，中世から現代にいたる西洋社会での死を論じている。彼によれば，過去においては，死は「なじみ深く，身近で，和やかで，大して重要でないもの」と受け入れられていた（Ariès 1975＝1983：25）。そのため，そのような死は，「飼いならされた死」と表現される。しかし，現代における「死にゆくこと」

1）　主に病死や老衰死を想定しており，自殺や刑死，戦死，テロでの犠牲的死などは除外する。

とは，患者が非人間的な終末期医療の環境のなかで疎外されるといった
悲劇的な最期である（Ariès 1977＝1990）。

　アリエスは，社会人類学者ゴーラーの影響を受けていた。ゴーラーは
イギリス社会における死別と悲哀の過程を調査し，死を語ることについ
て人びとの間にタブーが存在することを明らかにしている（Gorer 1965
＝1986）。そして，アリエスもまた，現代社会での「死にゆくこと」が
病院という空間に押し込められ，一般社会からも医療関係者からもタブ
ー視されるようになっていると表現している。

　アリエスが捉えた現代社会での「死にゆくこと」の特徴は，医療化と
共同性の希薄化であると言える。医療化とは，「医療の範ちゅう外にあ
った現象が，医療の範ちゅう内で扱われたり，医学的な定義や説明を与
えられる過程」のことである。アリエスは，「死にゆくこと」の医療化
の描出を通して死のタブー視を批判しつつ，同時に，死をめぐる共同性
については，それが存在した中世への回帰が望ましいとするノスタルジ
ックな認識を持っていた。ここでの死の共同性とは，信仰等を基とした
共通の死生観を有する共同体によって，死に対する対処が共同で行われ
るということを意味する（澤井　2005：90）。

　アリエスの研究を受け，「死にゆくこと」を社会学的かつ歴史的に考
察したのがエリアスである。彼は，文明化の過程での人間の変容に関す
る考察をもとに，現代人が個人としてどのように「死にゆくこと」を経
験しているかを理解しようとした（Elias 1982＝1990）。

　エリアスによれば，文明化によって「人は，他者と交わりながらも，
他者を自己と同種のものではなく，むしろそれぞれの内部に自意識を秘
めた『個人』とみなすように」なった。文明化された社会ではそのよう
な「内面の世界」に閉じ込められた個人が「閉ざされた人間」として自
明のものになり，そのような「閉ざされた人間」の相互の関係性によっ

て現実の生は展開される。そして，そこで生きることは，「閉ざされた，自己完結的な個人として生きること」というイメージと，死ぬことは「一人きりで孤独のうちに死ぬこと」というイメージが成立する（澤井2005：83-84）。エリアスは特に，「死を間近に控えた人間が——まだ生きているのに——周囲の人々にとって自分はもはやほとんど何の意味も持っていないのだ，と感じなければならないような事態に身を置くとき，その人間は真に孤独である」という（Elias 1982＝1990：96）。

「死にゆくこと」が孤独なものになっているというエリアスの現実理解には，死のタブー視に対する批判的見解が含まれており，この点はアリエスの理解と共通する。しかし，エリアスは，共同性を懐古するアリエスとは異なり，現実をありのままに直視し，個人化を肯定し，さらには死にゆく過程で苦痛を緩和する医療の役割も肯定している。したがって，エリアスにとって望ましい「死にゆくこと」とは，個人が，「『共同性』に同化して，共に死へと向かうことではなく，死を前にしても，『関係性』のなかで，ともに生きることである」と考えられる（澤井2005：92）。

以上のような先行研究では，「死にゆくこと」における主な現代的特徴が，医療化と共同性の希薄化であることが明らかにされているが，本章では，前者の医療化に焦点を当て，以下，その日本社会での動向と，がんの末期にある人の家族の経験と困難についてみていく。

2. 日本社会での「死にゆくこと」

日本社会での「死にゆくこと」はどこでどのように起きているであろうか。またそれは，社会的にどのように捉えられてきているであろうか。

日本社会での死亡者の死亡場所を示しているのが［図8-1］である。1977年に，死亡場所全体に占める病院の割合が自宅のそれを超えてから，

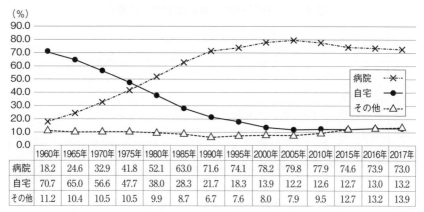

図8-1　死亡場所の推移

	1960年	1965年	1970年	1975年	1980年	1985年	1990年	1995年	2000年	2005年	2010年	2015年	2016年	2017年
病院	18.2	24.6	32.9	41.8	52.1	63.0	71.6	74.1	78.2	79.8	77.9	74.6	73.9	73.0
自宅	70.7	65.0	56.6	47.7	38.0	28.3	21.7	18.3	13.9	12.2	12.6	12.7	13.0	13.2
その他	11.2	10.4	10.5	10.5	9.9	8.7	6.7	7.6	8.0	7.9	9.5	12.7	13.2	13.9

(注)「その他」には，「診療所」「助産所」「介護老人保健施設」「老人ホーム」などが含まれる。また，1990年までは，「老人ホーム」での死亡は「自宅」または「その他」に含まれている。
(出典)厚生労働省（2017）『人口動態統計』

病院が最も多い死亡場所になっている。その後，病院の割合は継続して増加していたが，最近，老人福祉施設の割合が増加したことで，若干減少し，2017年は73.0％である（2017年の「介護老人保健施設」と「老人ホーム」を合計した割合は10.0％）。自宅の割合は減少傾向にあったが，近年は約13％を横ばいしている。

　死亡場所が，死にゆく過程が起きている場所であるとは断定できないが，病院での死亡者の大部分は，短期あるいは長期の差はあっても，病院という医療機関で医療サービスを受けながら死を迎えたと推測することはできる。つまり，死亡場所として病院の割合が増加してきたという事実は，「死にゆくこと」の医療化を示す一つの指標とみることができ，日本での「死にゆくこと」の現実は医療化の傾向にあると言えよう。

　では，死因にはどのような特徴があるだろうか。死因順位の推移を整

142

表8-1　死因順位（第5位まで）の推移

年次	第1位 死因	第2位 死因	第3位 死因	第4位 死因	第5位 死因
1960	脳血管疾患	悪性新生物	心疾患	老衰	肺炎及び気管支炎
1970	脳血管疾患	悪性新生物	心疾患	不慮の事故	老衰
1980	脳血管疾患	悪性新生物	心疾患	肺炎及び気管支炎	老衰
1981	悪性新生物	脳血管疾患	心疾患	肺炎及び気管支炎	老衰
1990	悪性新生物	心疾患	脳血管疾患	肺炎及び気管支炎	不慮の事故及び有害作用
2000	悪性新生物	心疾患	脳血管疾患	肺炎	不慮の事故
2010	悪性新生物	心疾患	脳血管疾患	肺炎	老衰
2016	悪性新生物	心疾患	肺炎	脳血管疾患	老衰
2017	悪性新生物〈腫瘍〉	心疾患	脳血管疾患	老衰	肺炎

(注)　1：1994年までの「老衰」は，「精神病の記載のない老衰」である。1995年以降の「心疾患」は，「心疾患（高血圧性を除く）」である。
　　　2：死因は，2017年は「ICD-10（2013年版）」（2017年適用）によるものである。
(出典)　厚生労働省（2017）『人口動態統計』

理したものが［表8-1］である。脳血管疾患，悪性新生物，心疾患が3大死因と言えるが，1981年以降，死因の第1位は悪性新生物になっている。いわゆるがんが日本で最も多い死因であり，2017年の死亡者総数（約134万人）の約30％の死因（約37万人）はがんである（厚生労働省（2017）『人口動態統計』）。

　病院死やがん死の増加を背景に，1980年代頃から，行政において「死にゆくこと」が社会問題と捉えられるようになり，厚生省が1987年に設置した「末期医療に関するケアの在り方の検討会」において，末期医療の問題への本格的な取り組みが始まった。検討会設置にあたっては，末期医療における単なる延命医療への偏向や，患者の疼痛や不安に対する不十分なケア提供といった状況が問題として意識されていた。検討事項は，がんの末期を中心とした末期医療の現状，末期医療のケア，施設・在宅での末期医療，一般国民の理解などであった。

　以後，末期医療（2002年から「終末期医療」に変更）について，国民意識調査等を基にした検討が定期的に行われているが，2015年，厚生労働省は，それまで使用していた「終末期医療」という言葉を「人生の最終段階における医療」にあらためた。この変更には，本人の尊厳が尊重された生き方（＝人生）を最期まで可能にするような医療・ケアの提供が重要であるという認識が働いている。「死にゆくこと」が医療化されている状況での，人生の終末期のあり方の改善が意図されていると言えよう。

　一方，「死にゆくこと」への社会的関心も高まってきている。それを示す例の一つが，尊厳死への関心の持続的な高まりである。尊厳死の社会的承認を求める活動を組織的に行っているのが，日本尊厳死協会であるが（1973年の設立当時は安楽死協会で，1983年に名称変更した），その会員数は，近年若干の減少傾向をみせているものの，2016年時点で約11万人となっている（日本尊厳死協会ホームページ）。

　また，1970年代後半から闘病記の出版数が増加したことも，一例である。柳田邦男は闘病記の出版を「自分の生き方を社会という鏡に映して客観視すること」と理解しているが，その増加傾向については，「闘病の社会化の時代」「死の社会化の時代」と表現している（柳田 1997：36）。

　尊厳死普及活動や，闘病記の執筆・刊行や購読を行う人びとは，「死にゆくこと」やその医療化について関心や知識を持っていたり，それを直接的あるいは間接的に経験している人びとである。すなわち，そのような人びとの増加は，日本社会で「死にゆくこと」やその医療化が，社会的関心事として広く捉えられていることの表われであると言える。

3. 終末期にある人の家族の経験と困難

「死にゆくこと」の医療化という特徴を持つ現代社会で，終末期にある人の家族[2]はどのような問題を抱えているであろうか。ここでは，終末期にある人を成人の末期がん患者に限定し，患者の死にゆく過程での家族の経験と困難がどのようなものであるかをみていく。

(1) 受けとめる――理解し判断する

がんの疾患を持つ患者にとって，自己が人生の終末期にあることを知らせる予後告知は，重大な意味を持つであろう。しかし日本では，それは家族に対してのみ行われることが多い。そして，患者の予後を知らされた家族は，それを受けとめ，患者の現状を理解しなければならない。と同時に，患者への予後告知や今後の治療や看病をどのようにすべきかについての判断を迫られる。

① 患者の予後を理解する

患者の予後を知らされた家族は，それを理解する過程で，心理的な苦しみを経験する場合がある。

「ホスピス・緩和ケア病棟」[3]でがん患者を看取った経験のある遺族に対する調査によれば，「患者の家族に対する予後告知は，家族に心理的な苦痛をもたらし，家族の希望を失わせるものである」。家族は，患者の予後についての説明を聞くことで，患者が終末期にあることを認識し，心理的に苦しみ，「残り時間を意識」したり，「見放された感覚」を持ったりする。しかし，「来るべき死別に向けて，心理的・物理的な準備をしたり，死別までの時間をできる限り有意義にできるよう取り組ん

---

2) 本章で取り上げる家族は，主には患者を看病し看取り，後に遺族となる成人の親族であるが，現実には，患者にとっての主観的な家族には，年少の子どもや親族以外のパートナー，親しい友人・知人なども含まれる。

3) ホスピス・緩和ケア病棟は，日本の診療報酬の制度上では「緩和ケア病棟」と称される病棟で，そこでは，末期がん患者とエイズ患者を対象に，治癒のための治療ではなく，苦痛緩和のための治療とケアが行われる。

だりする」家族も存在する。予後を知り，理解することが，「看取りへ
の心構え」や「十分な看病」「看取り後の準備」を可能にするからであ
る（吉田　2014：73-76）。

　また，患者の予後を知らされた家族は，それを患者に伝えるかどうか
について悩むこともある。現実に，「家族に対する予後告知は医療者の
判断でなされるのに対し，患者への伝え方については，家族が決定する
場合が多い」からである。そして，実態としては，「家族が決定する場合，
患者に予後を伝えないという選択がされやすいこと」がわかっている
（吉田　2014：40）。家族は，患者への予後告知について「抵抗を抱えて
いる」のである（吉田　2014：36）。

　先の調査によれば，患者に予後を伝えなかった場合に，最も多くの家
族が経験したのは「患者に隠すこと自体が負担だった」ことであり，つ
いで「患者の希望を維持できた」ことであった。このことから，患者に
予後を伝えなかった家族は，否定的な経験をする場合と肯定的な経験を
する場合があると言える（吉田　2014：85-86）。

　反対に，患者に予後を伝えた家族の多くが，「患者が死に備えられた」
「看取り前後について患者と相談できた」「患者とのオープンな関係を維
持できた」などの肯定的な経験をしている（吉田　2014：81-84）。

　なお，「患者の病気を他者へ知らせるかどうかについて戸惑う家族も
多い」ため，予後に関しても，患者・家族の知り合いのどの範囲まで知
らせるべきかについて家族は悩むものと思われる（清水　2016：191）。

② 療養や看病の方針を判断する

　患者が終末期にあるという予後について知らされた家族は，それ以前
とは異なる看病生活や患者の看取りを想定するようになる。また，その
想定のなかで，患者の治療の目的を治癒から症状緩和に切り替えること
が考慮されるようになる。

　したがって，この時期に家族は，抗がん剤治療を中止するか継続するか，療養の場所を一般病棟から緩和ケア病棟に移すか，それとも在宅療養にするかなどについて，患者とともに意思決定しなければならない。正確に言えば，家族と患者がともに予後を知っている場合は情報が共有された状態で意思決定されるが，家族のみが予後を知っている場合は，情報共有がない状態で意思決定が行われる。

　たとえば，療養の場所の決定について，家族はたいへん悩む。緩和ケア病棟に入院した患者の遺族を対象とした調査では，緩和ケア病棟への入院の決定の際に，約 3 〜 4 割の家族が，患者が最期を迎える場所を決定する過程で「心理的重圧」や「苦痛」，「葛藤（迷いが生じた，何が最良であるか判断がつかなかった，自信がなかった）」を経験していたことがわかっている。治療目的を変更する時期に療養場所として新たに緩和ケア病棟を選択するということは，家族にとっては「治療への希望」が失われ，「死を連想させることにもなる」。したがって，療養場所の選択が重い負担になるのである。意思決定の過程で「情報，現状認識や見込み，価値観が医療者と分かち合えていない」場合，家族の負担感が高いことも明らかになっている（荒尾 2016：97-101）。

　また，緩和ケア病棟で亡くなったがん患者の遺族を対象とした調査によれば，その約 4 割が何らかの家族内葛藤を経験していた。その内容としては，「家族の中に本来果たすべき役割を十分にしていない家族がいる」「患者さんの治療方針に関することで意見が合わない」と感じられることが多いという（浜名 2017：63）。

　さらに，患者の臨死期には，患者の治療を家族が決定するという負担感の大きな経験が増える。たとえば，心肺蘇生拒否（do not attempt resuscitation：DNAR）の了承や鎮静（苦痛緩和のために「患者の意識を低下させる薬物」が投与されること）の選択など，重い意思決定が心

理的負担になる。

（2）　看病・介護する——共に生きる

　患者が終末期にあるという事実を受けとめた家族は，その事実を前提に，患者と共に生きる新たな起点に立つ。そこで始まる生活では，日常の行為に加えて，患者の予後をみすえた看病・介護といった非日常の行為が行われる。その様相は，療養場所や家族の構成，仕事などによって多様である。特に，患者が自宅で療養生活を送る場合，病院での療養生活に比べて，相対的に家族の負担は大きくなる。

①　非日常の行為を担う

　終末期にある患者を看病・介護する家族は，日常と非日常の行為を両立させるという苦労を経験する。家族の苦労についての声を見てみよう（以下の例は，厚生省大臣官房統計情報部編（1994）による）。

　仕事を持つ家族は，看病・介護と仕事の両立に悩み悔やむことがある。

　　　私も勤めを持っていましたので，今後の生活の事を考えると，仕事を投げ出して看病してあげられなかった事をとても悔いている。もっと主人の気持ちを聞いてみたかった。（患者：男性・50歳代後半，告知状況：察していたと思う，介護者続柄：妻）

　自己の健康の維持や家計の工面，患者以外の家族の世話，それらと看病・介護の両立，いずれもが看病・介護者である家族にとっては負担であり，協力者がいない場合，その負担感は増す。

　　　自分が病気になったらどうなるかが一番不安だった。お金，生活の面で，子供が小さかったので大変だった。（患者：女性・40歳代前半，告知状況：医師から告げられて知っていた，介護者続柄：夫）

　　事業を始めて2年目で，忙しい毎日で，1日中看護が出来なかっ
たこと。子供達も毎日病院には行きましたが，付き添いの方がいれ
ばと思いました。姉妹はいますが，田舎が遠くお願いできなかった。
（患者：女性・50歳代前半，告知状況：知っていたかどうかわから
ない，介護者続柄：夫）

②　在宅で看病・介護する

　　在宅療養の場合，家族の負担は大きくなる傾向があるが，そこで家族
が経験する困難には，つぎのようなものがある。

　　まず，病院や主治医から離れることへの不安から，家族は，在宅での
「療養環境を整える必要性は理解しつつも」，「現実を受け入れて行動す
ること」が難しい場合がある（河瀬ほか 2017：198）。具体的な不安要
素には，たとえば，病院と比べて在宅では家族が常に患者の様態の変化
を観察できないこと，家族が患者の様々な身体症状の対応を迫られるこ
と，患者の身体状況について不安が生じたときに医療者にすぐに駆けつ
けてもらえるか心配であること，などがある（板倉・田代 2017）。

　　看病・介護の最中には，家族は，患者と終日生活を共にすることや，
慣れない看病・介護をすること，家族・親族の協力や医療・福祉サービ
スの援助を十分に受けられないことなどから生じる，身体的・精神的困
難を経験する（石井ほか 2011）。また，患者の姿の変化を目にするつら
さや，臨死時を医療者のいない状況で迎えるかもしれないことや死後の
処置・対応などに対する不安もある（板倉・田代 2017）。

　　在宅で終末期にある患者を看取ると決心して，在宅での看病・介護を
始めた家族にとって，患者の希望に沿った「理想の看取り」を実現させ
ることは一つの欲求である。しかし，「医療処置をしてでも生きながら
えてほしい」という相反する欲求もある。「どちらかの欲求の強さが大

きかったり，両者の間に激しい葛藤が生じていたりすると」，この二つの欲求のバランスは崩れ，患者と共に生きる生活において家族に「苦悩」が生じやすくなると考えられる（川上 2012：49）。

（3）　納得する――喪失を受け入れる

　終末期にある患者を看病・介護する家族は，患者という対象の喪失を予期することから生じる，心理的・身体的症状を含む情動的（感情的）反応を経験することがある。これは，患者との死別の予期から起こる悲嘆反応であるため「予期悲嘆」と言われる[4]。また，死にゆく過程での患者の身体・精神機能の喪失や，日常生活や人間関係の変化による社会的喪失に対する反応でもある。

　胆のうを原発とするがんが原因で50歳の誕生日の翌日に亡くなった女性の夫は，妻の最期が近いことを認識したときの悲嘆の心情を，つぎのように表現している。

　　　妻が見ているのは「明るい未来」ではなく「真っ暗闇の死の世界」だ。あまりにもかわいそうすぎる。自分の目に移る世界も冬景色だ。ただ，ただ自分が踏ん張らなければならないのは確かだ。妻にしてやれる看病はなにもかも，すべてやって，やって，やり尽くすことだ。それしかない。（大沢 2003：72）

　彼の場合，妻の喪失と喪失後の自分の人生や生活を予期することで起こる心情を受け入れ，妻の看病を精魂込めて行うことによって，自己の置かれた状況を納得しようとしている。

　また，進行がん患者の家族を対象にした調査で明らかにされた家族の苦しみも，予期悲嘆による苦しみとみなすことができよう。この調査では，苦しみの内容は，「患者が難治性のがんに侵されている現実を認知

4）　予期悲嘆の主体は患者の家族だけではない。主体は，患者，患者と親密な関係にある人，その他の知人や関係者，ケア提供者である（Rando 2000：53-54）。

することで生じる苦しみ」「迫りくる患者の死を認知することで生じる苦しみ」「太刀打ちできないがんを患う患者と向き合い続けることで生じる苦しみ」「家族・社会システム内の不調和に伴う苦しみ」に分類される。これらの苦しみが深刻な場合，家族は，日常生活における支障や身体的・精神的な異常，孤独感などの困難を経験する（瀬山・武居・神田 2013）。

　家族は看病・介護の遂行のなかで，さまざまな対象喪失に直面し，予期悲嘆の苦しみを経験するが，それを受け入れ納得することで対処できる場合がある。しかし，対処困難な場合もあり，それは，家族が深刻な予期悲嘆に陥っている場合や，他の家族成員や親族の予期悲嘆との間に葛藤が生じる場合などである。前者の場合，家族は自律的な対処行動をとれない。後者の場合，複数の家族成員や親族が自己の予期悲嘆の経験をもとにそれぞれの対処行動をとろうとするため，そこに葛藤が生じ，主に看病・介護する家族の心理的負担が大きく増すことになる。

　たとえば，脳の神経にがんを患った60代の男性の妻の例では，夫の治療が限界に至り，妻が一般病棟から緩和ケア病棟に移る対処を検討していたとき，夫のきょうだいからその対処に反対する（「見放す気か」「もっと別な方法を考えろ」）電話が次々とかかってきた。妻は電話に出るたびに「受け入れ難い現実を繰り返し説明しなければならなかった」ため，その「予期悲嘆でどうにもならない心身の状態」をさらに悪化させることになった（井藤 2015：61-64）。

　終末期にある患者を看病・介護する家族は，患者が死にゆく過程で生じる様々な喪失と，患者との死別という喪失を予期的に経験しながら，患者との最期のときを共に生きているのである。

参考文献

・荒尾晴惠（2016）「終末期がん患者の療養場所の意思決定プロセスにおける家族の負担感に関する研究」「遺族によるホスピス・緩和ケアの質の評価に関する研究」運営委員会編『遺族によるホスピス・緩和ケアの質の評価に関する研究　3』青海社：96-101.

・Ariès, P. (1975). *Essais sur l'histoire de la mort en Occident: du Moyen-Age à nos jours.* Paris: Seuil.（＝1983，伊藤晃・成瀬駒男訳『死と歴史——西欧中世から現代へ』みすず書房.）

・Ariès, P. (1977). *L' homme devant la mort.* Paris: Seuil.（＝1990，成瀬駒男訳『死を前にした人間』みすず書房.）

・Elias, N. (1982). *Uber die elisamkeit der sterbenden.* Frankfurt am Main: Suhrkamp.（＝1990，中居実訳『死にゆく者の孤独』法政大学出版局.）

・Gorer, G. (1965). *Death, grief, and mourning in contemporary Britain.* London: Cresset.（＝1986，宇都宮輝夫訳『死と悲しみの社会学』ヨルダン社.）

・浜名淳（2017）「遺族からみた家族内葛藤に関する研究」日本ホスピス緩和ケア協会緩和ケアデータベース委員会『遺族によるホスピス・緩和ケアの質の評価に関する研究2016 J-HOPE2016』62-67.（日本ホスピス緩和ケア協会ホームページ，2019年1月7日取得，https://www.hpcj.org/med/j_hope2016.pdf）

・石井容子・宮下光令・佐藤一樹・小澤武俊（2011）「遺族，在宅医療・福祉関係者からみた，終末期がん患者の在宅療養において家族介護者が体験する困難に関する研究」『日本がん看護学会誌』25（1）：24-36.

・板倉有紀・田代志門（2017）「家族ニーズからみた在宅緩和ケアの課題——遺族調査における自由回答データの分析から」『島根大学社会福祉論集』6：45-58.

・井藤美由紀（2015）『いかに死を受けとめたか——終末期がん患者を支えた家族たち』ナカニシヤ出版.

・川上千春（2012）「終末期がん患者を在宅で看取る家族介護者の心の拠り所となるビリーフと苦悩の構造および訪問看護師の捉え方」『お茶の水看護学雑誌』6（1）：36-53.

・河瀬希代美・稲村直子・小貫恵理佳・池長奈美・富士山さおり・和田千穂子（2017）「積極的治療終了後に在宅生活を中断したがん患者の家族が抱える困難」

『Palliative Care Research』12（2）：194-202.
・厚生省大臣官房統計情報部編（1994）『働き盛りのがん死――患者家族の声と統計』南江堂.
・大沢周子（2003）『ホスピスでむかえる死――安らぎのうちに逝った七人の記録』文藝春秋.
・Rando, T. A.（2000）. The six dimensions of anticipatory mourning. In T. A. Rando（Ed.）, *Clinical dimensions of anticipatory mourning: Theory and practice in working with the dying, their loved ones, and their caregivers*（pp. 51-101）. Champaign, IL: Research Press.
・澤井敦（2005）『死と死別の社会学――社会理論からの接近』青弓社.
・瀬山留加・武居明美・神田清子（2013）「進行がん患者の家族が抱える苦しみの検討」『日本看護研究学会雑誌』36（2）：79-86.
・清水恵（2016）「がん患者の家族が経験する意思決定における困難感に関する研究」「遺族によるホスピス・緩和ケアの質の評価に関する研究」運営委員会編『遺族によるホスピス・緩和ケアの質の評価に関する研究　3』青海社：188-194.
・柳田邦男（1997）『人間の事実』文藝春秋.
・吉田沙蘭（2014）『がん医療における意思決定支援――予後告知と向き合う家族のために』東京大学出版会.

9 | 人生の終末期にある人の家族
―支援のあり方―

株本千鶴

《目標＆ポイント》　人生の終末期にある人とその家族の QOL を高めること
を目的に登場した，ホスピス・緩和ケアについて理解する。また，末期がん
の人の家族に焦点を当てて，患者に対する医療やケアの選択，看病・介護，
死別といった，家族の経験上の困難への支援のあり方と課題について学ぶ。
《キーワード》　ホスピス，緩和ケア，アドバンス・ケア・プランニング
（ACP），グリーフケア

1.「死にゆくこと」をケアするホスピス

　「死にゆくこと」の只中にある人や，家族などその周囲の人びとを支
援する活動は，古くから行われていた。その一つがホスピス（hospice）
である。ケア活動やその拠点となる施設のことをホスピスというが，そ
れは，言葉としては 4 世紀ごろから存在し，中世には，旅人や巡礼者，
十字軍兵士たちを対象とした，修道院の宗教者などによるケア活動とし
てヨーロッパに広まった。19世紀後半には，医学や医療技術を導入し，
「死にゆくこと」へのケアに焦点を当てた，近代ホスピスが作られる。
　そして20世紀中盤には，がんの末期患者を主な対象とする現代ホスピ
スが登場した。そのはじまりは，シシリー・ソンダースが1967年に立ち
上げたロンドンのセントクリストファーズ・ホスピスである。その後，
モントリオールのロイヤル・ヴィクトリア病院で，バルフォア・マウン

ト医師が，現代ホスピスを土台とした緩和ケア（palliative care）を考案し，1975年に緩和ケア病棟が開設された。

ホスピスの理念は，次のような要素によって構成される（Sofka 2009：581；NHPCO 2015）。

1） 死は生命の自然な過程であり，生命の終わりに近づいたときに成長の可能性があるとみなし，延命よりも個人の QOL（Quality of Life）向上を重視する。
2） 患者と家族を 1 つのケアの単位とし，ケアプラン作成過程への患者・家族の積極的参加や，患者の自己決定を促進させる。
3） 高い QOL を達成するために，身体面，社会面，心理面，スピリチュアル面での快適さ，患者の尊厳の保護，最期の時期におけるできるだけ自由な環境での生活を重視する。
4） 家庭でのホスピスケアの提供が望ましいが，不可能な場合，ホスピス施設や病院，ナーシングホームなどの施設でケアを提供する。
5） ボランティアを含む多職種チームによるケアを提供する。

WHO による緩和ケアの定義は，「生命を脅かす病に関連する問題に直面している患者とその家族の QOL を，痛みやその他の身体的・心理社会的・スピリチュアルな問題を早期に見出し的確に評価を行い対応することで，苦痛を予防し和らげることを通して向上させるアプローチ」である（WHO 2018）。また，緩和ケアは，治療と並行して患者の症状に合わせて受けられるケアである。

以上からわかるように，ホスピスケアや緩和ケアとは，終末期にある人とその家族を対象とした「全人的ケア」，すなわち，身体的・社会的・

心理的ケアおよびスピリチュアルケアのことであり，それは，独自の施設や，医療機関，福祉施設あるいは自宅などで，各領域の専門職やボランティアによって提供される。

　ホスピスや緩和ケアには，一般の医療とは異なる特徴がある。ホスピスや緩和ケアでは，延命よりも痛みやその他の症状コントロールが優先的に実施され，医療者ではなく患者やその家族の自己決定や意思が尊重されたケアが提供される。痛みやその他の症状コントロールと患者・家族の自己決定や意思を尊重したケアは，近代医療が重視してこなかったものである。また，ホスピスや緩和ケアでは，「罪責感，死後の生命への不安，生きる意味の喪失」（宮嶋　2012：163）といった精神の痛み，すなわちスピリチュアル・ペインに対するスピリチュアルケアが行われる。このスピリチュアルケアはそもそも近代医療に含まれるものではなく，いわばホスピスや緩和ケアにおいて独自性の強い非医療的ケアである。

　家族ケアの一つとして，家族が患者との死別後の生活に適応するのを支えるための遺族ケアがあるが，これもホスピスや緩和ケアに独特なケアである。

　なお，日本では実際のホスピスと緩和ケアは区別しにくい場合が多く，両者の言葉が並べて一緒に使われる場合もあるため，ここでは両者をほぼ同義のものとして扱うこととし，「ホスピス・緩和ケア」と表記する。

2.　日本社会でのホスピス・緩和ケア

　よりよく「死にゆくこと」をめざすホスピス・緩和ケアは，多くの先進国で医療政策の一部にくみこまれ，新しい展開を見せるようになっているが，日本社会ではどのようであるかについてみてゆこう。

（1） ホスピス運動と緩和ケア政策

　日本のホスピス・緩和ケアは，草創期には自発的な個人や組織による
ホスピスの設立や推進運動のかたちで始められ，後に医療政策に緩和ケ
アが導入されて発展してきた。

　ホスピスの設立は，1980年代，聖隷三方原病院（静岡）や淀川キリス
ト教病院（大阪）といった宗教的背景を持つ病院から始まった。そして，
1990年に緩和ケア病棟入院料という名称で診療報酬が設定された後，病
院内での緩和ケア病棟設置が進み，ホスピス・緩和ケアは病院施設を中
心に発展してきた。したがって，診療報酬設定はホスピス・緩和ケア発
展の第一の契機と言える。

　推進運動においては，医療者や市民の活動が見られる。組織としては，
1970年代後半から90年代初めにかけて，日本死の臨床研究会（現代社会
の死のあり方の理解と改善に取り組む全国的な研究会）や全国ホスピ
ス・緩和ケア病棟連絡協議会（2004年に「日本ホスピス緩和ケア協会」
に改称）などができ，1996年に医学的な観点がやや強い日本緩和医療学
会（Japanese Society for Palliative Medicine）が設立されている。医師，
看護師，薬剤師など多様な専門職を対象とした関連の資格も生み出さ
れ[1]，緩和ケア研修の修了者も増加してきている。また，市民運動の成
果の例としては，愛知国際病院や岐阜中央病院（2018年 4 月以降は岐阜
清流病院）でのホスピス設立などがある。

　政策面では，1980年代に厚生省が末期医療に関心を持ち，「末期医療
に関するケアの在り方検討会」を立ち上げ，その報告書を公表したこと
が画期的な出来事として挙げられる。その後，ホスピス・緩和ケアは診
療報酬の対象として普及はしたが，本格的に政策に取り込まれるように
なるのは，2006年の「がん対策基本法」ができてからである。2007年度
以降のがん対策推進基本計画では，緩和ケア[2]提供体制の整備が課題と

1）　たとえば，「ホスピスケア認定看護師」（1999年認定開始，2007年に「緩和ケ
　　ア認定看護師」に改称），「緩和医療専門医」（2010年認定開始），「緩和薬物療法
　　認定薬剤師」（2010年認定開始）など。

して取り扱われており，2017年度からは，それを含む，第3期の計画が遂行されている。このような「がん対策基本法」成立以後の緩和ケア推進政策は，ホスピス・緩和ケア発展の第二の契機とみなすことができる。

（2）　ホスピス・緩和ケアの支援のかたち

①　緩和ケア病棟

　緩和ケア病棟では，悪性腫瘍や後天性免疫不全症候群の患者に対して，多職種による専門的な緩和ケアが提供される。設備としては，一定基準以上の広さの病室，患者家族の控室，患者家族専用のキッチン，談話スペース等が設置されている。一般病棟に比べて面会時間の制限が緩和されており，「ペットとの面会や飲酒の許可など，個人の選好に応える運用」をしていたり，家族・介護者のレスパイト[3]を支援するために，在宅療養中の患者の一時的な入院を受け入れているところもある（日本医師会監修 2017：125-126）。

②　緩和ケアチーム・緩和ケア外来

　医療機関に緩和ケアチーム（症状緩和に係る専従のチーム）がある場合，一般病床でも緩和ケアが提供される。チームメンバーは身体症状や精神症状の緩和を担当する医師，看護師，薬剤師などから構成され，一般病棟の患者の苦痛に対する症状緩和を行う。また，緩和ケア外来がある場合，患者の療養上に必要な指導が外来診療として行われる。がん診療連携拠点病院[4]のほとんどに，緩和ケアチームと緩和ケア外来がある。

2）　がん対策基本法では，緩和ケアは「がんその他の特定の疾病に罹患した者に係る身体的若しくは精神的な苦痛又は社会生活上の不安を緩和することによりその療養生活の質の維持向上を図ることを主たる目的とする治療，看護その他の行為」と定義されている。

3）　看病者・介護者が，看病・介護疲れや冠婚葬祭，出張などの事情で，一時的に看病・介護を休止すること。

4）　がん診療連携拠点病院は，専門的ながん医療の提供等を行う医療機関であり，厚生労働大臣が指定する。

③　在宅緩和ケア

　在宅緩和ケアとは，患者が「疾病による苦痛を緩和しながら在宅で生活できるように医療支援や生活支援を提供すること」で，病院との違いは，「提供されるケアに生活支援の視点が加わること」である。「医師，看護師，薬剤師などの医療者，介護福祉専門員（ケアマネジャー），訪問介護員（ホームヘルパー）などの介護従事者」によるチームがケアを提供する（日本医師会監修 2017：127）。

　在宅緩和ケアは，具体的には，医療保険を使った在宅医療と，介護保険を使った介護サービスのかたちで提供される。医療保険では，緩和ケアに相当する訪問診療や訪問看護，訪問薬剤指導などいくつかのサービスがあるが，2016年に，機能強化型在宅療養支援診療所[5]のうち看取り実績の高い診療所を在宅緩和ケア充実診療所とする制度が新設された。介護保険では，40歳以上の末期がん患者あるいは65歳以上の終末期にある人は，要介護認定後に，必要な介護サービスを選択して利用できる。2018年には，ターミナルケアマネジメント加算[6]が新設され，末期の悪性腫瘍患者へのサービスの充実が図られた。

　これらの在宅緩和ケアの取り組みは，今後の高齢多死社会において，高齢者が「可能な限り住み慣れた地域で，自分らしい暮らしを人生の最期まで続けること」を目標とした，地域包括ケアシステム構築の推進政策のなかに位置づけられ，展開されている[7]。

5）　在宅療養支援診療所は「病院や他の診療所，訪問看護ステーション，介護サービスなどと連携して，がん患者の緩和ケアを含む，自宅療養の支援を提供する診療所」であり，「患者の必要に応じて，24時間往診が可能な体制」をとっている（日本医師会監修 2017：4）。このうち，複数の医師が在籍し，緊急往診と看取りの実績を有するものが，機能強化型在宅療養支援診療所である。

6）　末期の悪性腫瘍の利用者のターミナル期に，通常よりも頻回な訪問によって利用者の状態変化やサービス変更の必要性を把握したうえで，ケアマネジメントが行われた場合が評価される。

3.　終末期にある人の家族の支援

「死にゆくこと」に対する社会的支援がホスピス・緩和ケアなどによって実施されているが，終末期にある人の家族（親族以外のパートナーや親しい友人・知人なども含む）への支援はどのように行われているであろうか。また，そこではどのような課題があるだろうか。これらについて，終末期にある人を主に成人の末期がん患者に限定してみていく。

（1）　意思決定を支援する

①　アドバンス・ケア・プランニングによる支援

終末期にある患者とその家族は，患者の病状を理解し，治療や療養をどのようにしていくかについて意思決定しなければならない。この意思決定は，患者やその家族と，医療者やケアスタッフが共同で行うことが望ましい。そのような共同意思決定の方法が，アドバンス・ケア・プランニング（ACP：advance care planning）である。

ACP は，「本人・家族が医療・ケアスタッフと相談しながら医療に関して意思決定していくプロセスそのもの」である。ACP では，患者の「価値・死生観・信仰・信念・人生の目的等」が重視され，それを患者や家族，医療者・ケアスタッフは共有し，「診断と治療の選択肢・予後の情報」も共有する。そのうえで，患者の治療計画を共同で作ってゆく（会田　2017：93-94）。

患者も家族も「お互いの負担になることを避けたいと考えるあまり」，病気や治療についての話し合いを先送りにする傾向がある。そのため事

7）　在宅緩和ケアを補完するサービスとして，日中のみでの相談・支援サービスを医療機関や施設で提供するデイホスピスがある。その目的は，「積極的ながん治療を終え，在宅療養している患者と家族」が「在宅療養を継続できるように，医療・看護の視点で必要な支援を提供すること」である（本家ほか　2015：39）。また，医療機関ではない「家」での看取りの実現を目的としたホームホスピスという形態の施設も現れている。民家を利用したホームホスピスでは，少人数の利用者（病いや障害のある人等）に，医療や介護のサービス機関との連携のもと，多職種の専門職やボランティアによるケアが提供される。

前に，患者に，家族の中から「代理意思決定者」を選定してもらい，その人とともに，ACP を進めていくことが望ましい（日本医師会監修 2017：96）。代理意思決定者となる家族は，ACP のプロセスで医療者やケアスタッフと継続して対話を行う。そのため家族は，患者の意思確認が困難になった場合でも，「ともに辿ったプロセスの共有とそこから育まれた信頼関係」によって，その後の「療養方法や何を大切に過ごした

図 9-1　ACP 普及・啓発リーフレット

（出典）厚生労働省ホームページ

（2019年 8 月14日取得，https://www.mhlw.go.jp/content/000405126.pdf）

いかについての方向性を定め」，新たな療養環境への移行をスムースに
行うことができると考えられる（近藤 2017b：673）。

　ACP は，患者の意思が尊重された治療やケアの実現だけでなく，家
族の意思が反映された看病・介護や代理意思決定者としての役割遂行の
実現をめざす支援方法でもある。したがって，家族支援の面でも高い効
果が期待できる支援方法であると言える。厚生労働省が推進する人生の
最終段階における医療体制整備事業にも ACP の概念が取り入れられて
おり，ガイドライン作成などによって，その普及・啓発が進められてい
る［図9-1］。

　ACP の実践においては，医療者には「相手の気持ちに配慮しながら，
悪いニュース（Bad News）を理解できるように伝える技術や，意思決
定を支援する技術，相手の価値観を明確にする技術，そして，死の文脈
を含むむずかしい対話の場面でも逃げることなくその場に留まり，その
人の思いや悩みにともに向き合うコミュニケーションの技術」などが求
められる。また ACP の実践には，チームという形での支援体制やそこ
での情報共有，組織内での人材養成や理念制定（ガイドラインの作成）
なども必要である（近藤 2017a：669）。

②　臨死期の治療・ケアの決定における支援

　患者の臨死期には，家族が治療・ケアの決定を行う場合が多い。たと
えば，終末期のがん患者に対して適切に緩和ケアを行っても苦痛が緩和
されない場合，苦痛緩和を目的に「患者の意識を低下させる薬物」を投
与する鎮静が行われることがある。鎮静の実施については，患者の意思
を確認しながら決定できる場合は半数程度で，それ以外の場合は，医療
者と家族が決定する（木澤・山本・浜名 2017：145, 148）。後者の場合，
患者にとっては「どのような選択が最善だろうか」「本人ならどうして
ほしいだろうか」ということを，医療者と家族が一緒に考え，「責任を

ともに担うことが大切である」とされる（木澤・山本・浜名 2017：149）。

（2）　看病・介護を支援する

①　看病・介護する家族に対するケア

　看護師を例に，終末期がん患者の家族に対するケアの内容をみると，それは，「家族への身体的・精神的サポート」「家族の治療・ケアへの参加」「環境調整」に大別できる（[表9-1]，[表9-2]）。

　看護師が「家族の健康状態に配慮する」ことは，看病・介護で身体の疲れた家族にとって重要な身体的ケアである。また，「家族に接し，声かけや助言を行うこと」は，家族への精神的ケアになる。特に患者が亡くなる直前には，看護師は家族の予期悲嘆や「不安・動揺・悲哀などの感情」，緊張感などに配慮しながら精神面での援助をする必要がある。

表9-1　ターミナル前期〜中期の援助内容

カテゴリー	サブカテゴリー
家族への身体的・精神的サポート	家族に接する
	家族と関係を築く
	家族間の調整を行う
	声かけをする
	傾聴する
	感情の表出を促す
	家族が看取るための助言をする
	家族と面接・面談する
	家族の健康状態への配慮を行う
家族の治療・ケアへの参加	家族にケアを促す
	ケアを一緒に行う
	患者の状態を説明する
環境調整	周囲の協力を得る
	環境に配慮する

（出典）中川・小谷・笹川（2008：14）

表9-2　ターミナル後期〜死亡時の援助内容

カテゴリー	サブカテゴリー
家族への身体的・精神的サポート	家族に接する
	声かけをする
	傾聴する
	感情の表出を促す
	家族が看取るための助言をする
	精神的支えとなる
	不安・疑問を解消する
	見守る
	患者の思い出を振り返る
	家族と面接・面談する
	家族の健康状態への配慮を行う
家族の治療・ケアへの参加	家族にケアを促す
	ケアを一緒に行う
	患者の状態を説明する
	死後の処置を一緒に行う
環境調整	環境に配慮する
	急変時に備える

（出典）中川・小谷・笹川（2008：14）

家族を患者の治療・ケアに参加させることに関しては，たとえば，患者の死の直前には，看護師は「少しでも長い時間を家族が患者のそばで過ごせて患者と別れができるように配慮」すべきとされる。環境調整とは，「家族が患者と過ごす時間を多くもてるように個室対応や面会時間の調

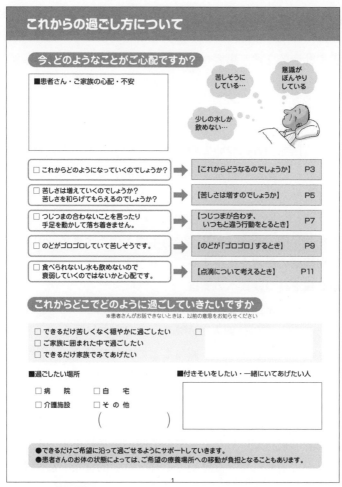

図 9-2　看取りのパンフレット『これからの過ごし方について』

（出典）『緩和ケア普及のための地域プロジェクト』ホームページ
（2019年 8 月14日取得，http://gankanwa.umin.jp/pdf/mitori01.pdf）

整をし」たり，「患者の死に家族が立ち会」い，「家族だけで過ごせるように配慮すること」などである（中川・小谷・笹川 2008：16-17）。

② **患者の臨死期における家族に対するケア**

　患者の死が近い時期においては，「患者が快適に過ごせること」と「患者・家族の苦痛ができるだけ少なくなること」がケアの目標になる。家族に対しては，病状についての認識の確認と説明，治療・ケアや療養場所についての希望の確認，心情・感情や信条・信念への配慮，個別事情への配慮や社会的支援，患者への接し方の説明・アドバイス，疲労や健康状態への配慮などのケアが必要とされる（日本医師会監修 2017：99）。

　この時期の家族に対して，医療者が「これから起こりうること，これから行われる医療内容についての情報」を提示することは重要である。しかし，家族が医療者の言葉での説明を理解することや，医療者が伝えるべき内容を「短時間でわかりやすく説明すること」は難しい。そのため，看取り時についての説明が書かれたパンフレットを用いながら説明することが効果的である［図9-2］（木澤・山本・浜名 2017：214）。

（3）　死別経験の受容を支援する

① **予期悲嘆を持つ家族への支援**

　予期悲嘆を持つ家族のなかには支援が必要な状態にある人もいる。その悲嘆のあらわれ方には個人差があり，「抑うつ気分といった心理・精神症状をきたすこともあれば，頭痛などの身体症状や，号泣することや社会的接触を回避するといった行動面の症状」などもある。そのため，まず，予期悲嘆への対処で重要なのは，「その存在に気づくこと」である。そして，「できるだけ多職種で対処することが望ましい」。多職種のチームでは，患者の病状だけでなく，予期悲嘆の背景にある「それまで患者と家族のなかで培われてきた歴史や心理・社会的背景」に関する情報を

持ち寄り共有しながら支援にあたることができ，それは「後のグリーフケア」にもつながる（木澤・山本・浜名 2017：36）。

②　家族へのグリーフケア

　患者との死別を経験した家族は，患者という対象を喪失した悲しみや苦しみの中にありながらも，新たな生活や人生を構築していかなければならない。この一連の取り組みをグリーフワークといい，そのプロセスにおける支援を「グリーフケア」という。グリーフケアの提供者には，「家族や友人，死別の過程でかかわった人」がなる場合もあるが，「家族が予期悲嘆を感じているときから，患者の死別」に至るまで「ともに過ごした医療者」も，「その後も継続性をもってかかわることで」グリーフケアの提供者となることができる（木澤・山本・浜名 2017：38）。

　患者の死亡直後における，看護師によるグリーフケアの例としては，たとえば，エンゼルケアや湯灌を家族とともに行うというケアがある。

　エンゼルケアとは，遺体の清拭を行い，衣服を着替えさせ，顔に化粧を施すことである。これを看護師と家族がともに行うことは，「グリーフケアを死別時から始める1つの方法」と言える。「死別直後の時間もまた死の受容へのよりどころをつくる重要な時」であるからである（山﨑・浅野 2014：30-31）。

　湯灌は，遺体を入浴させ洗い清めることであり，これを看護師と家族がともに行うこともグリーフケアとして作用することがある。湯灌を通して家族は，「清められる」「苦しみが洗い流される」という感情を抱いたり，その時間が「故人との思い出や生と死を考える時」になったりするからである（山﨑・浅野 2014：31）。

　緩和ケア病棟や在宅緩和ケアでは，患者の死亡から一定期間経過後に，家族に対する遺族ケアが提供されることがある。方法としては，病院スタッフからの手紙・カードの送付や追悼会開催，電話相談，カウンセリ

ングなどがある。

③　死別経験の受容を支援する専門家

　医療者以外で予期悲嘆へのケアやグリーフケアを提供する専門家として，チャプレンやビハーラ僧などの宗教者がいる。

　チャプレンとは，「施設で働く宗教家であり宗教的援助者」である。ホスピス・緩和ケアに関しては，キリスト教系病院の緩和ケア病棟などで，苦情や悩みの相談，スピリチュアルケアの提供，スタッフの心のケア，スタッフの相談相手，信仰の成長のための援助，などの支援を行っている（沼野　2015：40-41）。

　ビハーラとは，「仏教を基礎としたターミナルケアおよびその場所」のことである。病院におけるビハーラ（仏教系の緩和ケア病棟）は実際には多くはないが，ビハーラ僧とは，そこでチャプレンと同様の仕事やボランティア活動などを行っている僧侶のことである（谷山　2015：44）。

　このほか，臨床宗教師という資格を持ちながらホスピス・緩和ケア領域で働く宗教者もいる。臨床宗教師は，「被災地や医療機関，福祉施設などの公共空間で心のケアを提供する宗教者」である。かれらは，布教や伝道を目的とせず，「相手の価値観，人生観，信仰を尊重しながら，宗教者としての経験を活かして，苦悩や悲嘆を抱える人々に寄り添い」，「さまざまな専門職とチームを組み」，「スピリチュアルケア」と「宗教的ケア」を行う（日本臨床宗教師会　2016）。

　ホスピス・緩和ケアを中心に，終末期にある人の家族への支援のあり方をみてきたが，実際の提供者の多くは医師や看護師など医療者である。そのため，治療対象でない家族へのケアは十分とは言えない状況にあり，意思決定支援やスピリチュアルケアなど，非医療的ケアが手薄な傾向にあることも否めない。しかしそれらは，患者の「死にゆくこと」を経験

する家族への支援のなかで，重要かつ独自的なケアであるため，その充実を図るための方策がより一層整備される必要がある。

参考文献

・会田薫子 (2017)「意思決定を支援する——共同決定と ACP」清水哲郎・会田薫子編『医療・介護のための死生学入門』東京大学出版会：75-111.
・本家好文・名越静香・定元美絵・阿部まゆみ・奥崎真理 (2015)「広島県緩和ケア支援センターにおける緩和デイケア」阿部まゆみ・安藤祥子編『がんサバイバーを支える緩和デイケア・サロン』青海社：38-44.
・株本千鶴 (2017)『ホスピスで死にゆくということ——日韓比較からみる医療化現象』東京大学出版会.
・木澤義之・山本亮・浜名淳編 (2017)『いのちの終わりにどうかかわるか』医学書院.
・近藤まゆみ (2017a)「その人らしさを支えるアドバンス・ケア・プランニング (Advance Care Planning)」『がん看護』22 (7)：667-670.
・近藤まゆみ (2017b)「ACP のプロセスと内容，そして支援」『がん看護』22 (7)：671-674.
・宮嶋俊一 (2012)「終末期医療におけるスピリチュアリティとスピリチュアル・ケア——「日本的スピリチュアリティ」の可能性と限界について」安藤泰至・高橋都編『シリーズ生命倫理学④　終末期医療』丸善出版：160-176.
・中川雅子・小谷亜希・笹川寿美 (2008)「日本における終末期がん患者の家族のケアに関する文献的考察」『京都府立医科大学看護学科紀要』17：11-21.
・National Hospice and Palliative Care Organization (NHPCO). (2015). *Hospice care*. Retrieved August 9, 2015, from http://www.nhpco.org/about/hospice-care.
・日本医師会監修 (2017)『新版　がん緩和ケアガイドブック』青海社.
・日本臨床宗教師会 (2016)「設立趣意書」(日本臨床宗教師会ホームページ，2019年1月13日取得，http://sicj.or.jp/uploads/2017/10/shui.pdf)
・沼野尚美 (2015)「チャプレン」志真泰夫・恒藤暁・森田達也・宮下光令編『ホスピス緩和ケア白書2015　ホスピス緩和ケアを支える専門家・サポーター』青海

社：40-43.

・Sofka, C.（2009）. Hospice, contemporary. In C. D. Bryant & D. L. Peck（Eds.）, *Encyclopedia of death and the human experience*: 581-585. Los Angeles: Sage Publications.

・谷山洋三（2015）「ビハーラと仏教者」志真泰夫・恒藤暁・森田達也・宮下光令編『ホスピス緩和ケア白書2015　ホスピス緩和ケアを支える専門家・サポーター』青海社：44-47.

・WHO（World Health Organization）.（2018）. *WHO definition of palliative care*. Retrieved August 18, 2018, from
http://www.who.int/cancer/palliative/definition/en/.

・山﨑智子・浅野美知恵（2014）「グリーフを生きる人々へのケアのありかた――看護の立場から」『グリーフケア』2：19-34.

10 | DV（ドメスティック・バイオレンス）の問題構造

下夷美幸

《目標＆ポイント》　本章と続く11章では，夫婦という親密な関係のなかで生じる，暴力の問題を取り上げる。本章では，DV（ドメスティック・バイオレンス）問題の本質を理解することを目標とする。DVとは何か，DVはいかにして社会問題化したか，どれほどのDV被害が起こっているか，DVはどのような社会構造と関係しているのか，について考える。

《キーワード》　DV（ドメスティック・バイオレンス），ホワイトリボン・キャンペーン，「女性に対する暴力」，権力と支配，ジェンダーの主流化

1. DVとは

　DV（ドメスティック・バイオレンス）とは，配偶者やパートナーなど，親密な関係にある（または，親密な関係にあった）相手から振るわれる暴力のことをさす。以下では，主として配偶者間の暴力として考えていく。DVは，夫婦という私的な関係のなかで起こるため，表面化しにくく，また，表面化しても夫婦喧嘩などと軽視され，私的で個人的な問題とみなされやすい。しかし，どのような関係においてであれ，暴力は許されるものではなく，DVは社会的に対応すべき深刻な問題である。

　DVとみなされる暴力は様々で，［表10-1］のとおり，主たる形態は「身体的暴力」「精神的暴力」「性的暴力」「経済的暴力」である。そのほ

表10-1　暴力の種類

〈身体的暴力〉	〈精神的暴力〉
殴る	大声で怒鳴る
蹴る	無視する
ものを投げつける	すべてに従うよう命令する
髪を引っ張る	人前で侮辱する
首を絞める	「バカ」「お前は何もできない」等，罵倒する
刃物を突きつける　　　など	大切にしているものを壊す　　　など
〈性的暴力〉	〈経済的暴力〉
見たくないポルノビデオを見せる	生活費を渡さない
ポルノビデオと同じことをさせようとする	ギャンブルなどに浪費する
暴力的な性行為をする	借金をさせる
性行為を強要する	外で働かせない
避妊に協力しない	買い物をさせない
中絶を強要する　　　など	家計を厳しくチェックする　　　など

　か，「社会的暴力」として分類されるものもある。それは，人間関係や行動を不当に監視したり，制限したりする行為をさし，具体的には，実家や友人との付き合いを制限する，電話やメールの履歴や内容を細かくチェックする，外出を禁止するなどである。また，「子どもを利用した暴力」と呼ばれるものもあり，子どもの前で暴力を振るう，子どもに危害を加えると言って脅す，わざと子どもを危険な目にあわせるなどの行為がこれにあたる。

　DVケースでは，これらの暴力のうちのいずれかが単独で起こることもあるが，多くの場合，複数の種類の暴力が重なっている。このような「暴力の複合性」はDVの特徴と言える。

　暴力は男性から女性に対するものだけでなく，女性から男性へ，また，同性カップルの間でも起こっている。しかし，後述のとおり，深刻な暴力の被害者は女性が圧倒的に多い。問題の性質上，被害を受けた女性への対応も，主に女性が担っている。そのことから，DVは「女性の問題」とみなされ，暴力を振るわない大部分の男性にとっては関係のない問題

と受け止められてきた。しかし近年，DVを「男性の問題」と捉え，男性による，女性への暴力をなくす運動が展開されている。これは，「ホワイトリボン・キャンペーン」と呼ばれるもので，1991年にカナダで始まり，その後世界各地に拡大し，国際的な啓発運動となっている。

　日本でも2012年からホワイトリボン・キャンペーンが本格的にスタートし，男性が主体となり，女性への暴力をなくすための取り組みが行われている。キャンペーンのターゲットは，暴力を振るわない男性である。それは，暴力を振るわない大部分の男性は，女性への暴力の現状を知らず，あるいは知っていても沈黙していることで，結果的に暴力の発生と継続に加担していることになる，との考えに基づいている（多賀ほか2015）。

　このように現在，女性への暴力については，女性のみならず，男性にも理解と関心が求められる問題となっている。暴力のない社会を実現するには，性別にかかわらず，誰もがDVについて学ぶ必要があると言える。

2.「女性に対する暴力」の社会問題化

（1）　国際的潮流

　日本で，夫婦間の暴力が社会問題として認識され，政策課題とみなされるようになったのは，1990年代後半以降のことである[1]。その背景には，1975年の国際婦人年を契機とした，世界的な女性の人権運動の展開がある。

　国連では1980年代より，女性に対する暴力が人権問題として取り上げられるようになり，1993年の国連総会で「女性に対する暴力撤廃宣言」が採択されている。この宣言は前文と本文6条からなり，前文では，女性への暴力は人権の侵害であるとうたわれ，これが男女間の不平等な力

---

1)　「女性に対する暴力」に関する国連及び日本政府の動きについては，内閣府男女共同参画局「女性に対する暴力」のホームページの情報をもとに整理したものである。

関係を示すものであることが明記されている。

　そして第1条で，女性への暴力とは，「性別に基づく暴力行為であって，女性に対して身体的，性的，若しくは心理的な危害又は苦痛となる行為，あるいはそうなるおそれのある行為であり，さらにそのような行為の威嚇，強制，もしくはいわれのない自由の剥奪をも含み，それらが公的生活で起こるか私的生活で起こるかを問わない。」と定義されている。このように，定義には，「私的生活」で起こる暴力が明記されており，国連のこの宣言が DV を問題視し，これを重視していることがわかる。

　その後，1995年に北京で開催された第4回世界女性会議（以下，北京会議）では女性の人権が重要課題となり，女性に対する暴力の問題が大きく取り上げられている。世界女性会議とは，1975年の国際婦人年を記念して，同年，メキシコ・シティで開催され，以後，5年から10年ごとに開催されている女性問題に関する国際会議である。北京会議では，その後の世界の取り組みの指針となる「行動綱領」（以下，「北京行動綱領」）が採択され，そのなかで「女性に対する暴力」が12の重大問題領域の一つに位置づけられている。こうして，「女性に対する暴力」は国際社会において優先的に取り組むべき課題となり，それにより，日本国内でも政府が対応に動き出すことになる。

（2）　国内での動き

　「北京行動綱領」は，各国政府に1996年末までに行動計画の整備を求めていたことから，日本政府は1996年12月，国内行動計画として「男女共同参画2000年プラン」（以下，2000年プラン）を策定している。2000年プランでは，11の重点目標が掲げられており，その1つに「女性に対するあらゆる暴力の根絶」が挙げられている。そして，翌1997年，総理府（現内閣府）の男女共同参画審議会に「女性に対する暴力部会」が設置され，この問題に関する専門的な調査や審議がスタートしている。

　また，2000年プランでは，男女共同参画社会の実現を促進するための基本的な法律の検討がうたわれており，1999年に「男女共同参画社会基本法」（以下，基本法）が制定されている。基本法には「女性に対する暴力」に関する規定は置かれていないが，法律が成立した際に国会で附帯決議がなされており，そのなかで，政府が配慮すべき事項の一つに，「女性に対する暴力の根絶が女性の人権の確立にとって欠くことができないものであることにかんがみ，あらゆる形態の女性に対する暴力の根絶に向けて積極的に取り組むこと。」が挙げられている。

　基本法は政府に基本計画の策定を義務づけていることから，2000年12月に「男女共同参画基本計画」（以下，基本計画）が閣議決定されている。これは2000年プランを基礎にしたもので，ここでも11の重点目標の一つに「女性に対する暴力の根絶」が挙げられている。基本計画では，重要目標のそれぞれについて，「施策の基本的方向」と「具体的施策」が示されているが，そのなかで注目されるのは，「施策の基本的方向」のなかに，夫・パートナーからの暴力への対策の推進と，そのための新たな法制度の検討が掲げられていることである。すなわち，国の基本計画の中に，DV防止法制の検討がうたわれたのである。

　しかし，政府はDV防止法の制定には消極的で，結局，議員立法として法案が国会に上程され，2001年4月，成立に至っている。成立した「DV防止法」（正式には，「配偶者からの暴力の防止及び被害者の保護に関する法律」）は，超党派の女性議員らにより立法化されたものである（戒能 2002）。男性優位の政策決定過程において，女性議員たちは法案の内容に妥協を余儀なくされながらも，何とか成立にこぎつけたものであるが，法律の前文には，配偶者からの暴力が人権侵害であり，その多くが女性に対する暴力であることが明記されている。

　こうしてDV防止法が成立したことで，2000年代に入り，DV対策が

始まったが，ここまでみてきたとおり，この問題に対する日本政府の対応は，国連を中心とした国際社会の要請に応じたものである。いわば外圧によってようやく動き出したものであり，DV 根絶のための取り組みは遅れていると言わざるを得ない。

3. DV 被害の実態

（1） アンケート調査結果にみる被害状況

　では，実際に DV はどれぐらい起こっているのだろうか。日本で初めて DV の全国実態調査が行われたのは，1992年，「夫（恋人）からの暴力」調査研究会（以下，DV 研究会）によるものである。この DV 研究会は，ソーシャルワーカーや弁護士，大学教員など，女性への暴力問題に取り組んできた実務家と研究者をメンバーとする民間団体である。この調査により，回答した796名のうち613名が夫や恋人から何らかの暴力を受けており，暴力を受けている女性の多くが，身体的暴力，精神的暴力，性的暴力を複合的に受けていることや，加害者の男性の職種は様々で，地位，学歴などに関係なく，暴力が振るわれていることが明らかとなった（「夫（恋人）からの暴力」調査研究会 1998）。この調査結果が公表されたことで，DV という概念が注目され，社会的関心も高まったと言える。

　国による初の調査は，1999年，総理府（現内閣府）によって実施されている。その結果，約20人に 1 人の成人女性が「夫・パートナーからの暴力で命の危険を感じた経験」があることが判明し，DV 被害の深刻さが広く知られるようになった。この調査以後，国は 3 年ごとに全国の20歳以上の男女を対象にアンケート調査を実施し，継続的に実態把握を行っている。

　しかし，調査結果をみる限り，全体として DV 被害が改善に向かっているとは言いがたい。［図10-1］は，これまで結婚したことのある人

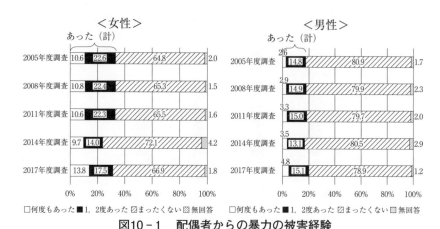

図10-1　配偶者からの暴力の被害経験

（注）配偶者には事実婚や別居夫婦，元配偶者も含む。
　　　2005年から2011年は「身体的暴行」「心理的攻撃」「性的強要」のいずれか，2014年以
　　　降は「身体的暴行」「心理的攻撃」「経済的圧迫」「性的強要」のいずれかの被害経験。
（出典）内閣府男女共同参画局「男女間における暴力に関する調査」をもとに作成。

について，配偶者（事実婚や別居中の夫婦，元配偶者も含む）から「身
体的暴行」，「心理的攻撃」，「経済的圧迫」，「性的強要」のいずれかを受
けたことがあるか，聞いた結果を示したものである[2]。この図で，受け
たことがあると回答した人の割合を男女別にみると，2014年度を除き，
女性では常に30％を超えている。また，男性では上昇傾向がみられ，
2017年度は約20％に達している。この2017年度調査の割合に基づくと，
女性の3人に1人，男性の5人に1人がDV被害を経験しているという
ことであり，DVは一部の限られた人にだけ起きているのではなく，身
近な問題であることがわかる。

　このように男性にもDV被害者は少なくないが，「何度もあった」と
回答した人の割合を男女で比較すると，男女の格差は大きく，女性の被
害のほうがより深刻である。2017年度でみると，「何度もあった」と回

2）「経済的圧迫」については2014年度の調査以降のみ。

176

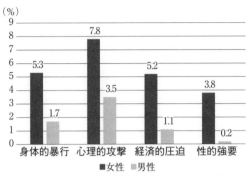

図10-2　配偶者からの暴力が「何度もあった」経験（2017年度）

(注)　配偶者には事実婚や別居夫婦，元配偶者も含む。
(出典)　内閣府男女共同参画局「男女間における暴力に関する調査」(2017年度)
　　　　をもとに作成。

答した女性は13.8％で，これは7人に1人に相当する。［図10-2］は，2017年度の調査結果から，暴力の種類別に「何度もあった」と回答した人の割合を示したものである。これをみると，いずれも女性の方が圧倒的に高く，女性は男性に比べて「身体的暴行」では約3倍，「心理的攻撃」では約2倍，さらに「経済的圧迫」では約5倍，「性的強要」に至っては約19倍である。このように繰り返し振るわれる暴力の被害は，女性に偏っている。

　さらに，女性の被害には生命に関わる深刻なものもあり，配偶者からの暴力で命の危険を感じたことがあると回答した人は，2017年度調査では，女性4.7％，男性0.6％である[3]。つまり，女性の20人に1人は夫から命に関わるほどの暴力を振るわれたことがあるということである。この割合は，1999年の最初の調査以降，ほぼ変化していない[4]。

　「命の危険を感じる」という表現は，決して誇張ではない。内閣府が

---

3)　内閣府男女共同参画局「男女間における暴力に関する調査」(2017年度)による。
4)　2014年度の調査結果のみ，2.7％と低くなっている。内閣府男女共同参画局「男女間における暴力に関する調査」(2014年度)による。

2001年に実施したDV被害の事例調査では，被害女性がその経験を生々しく語っている。

・私の髪の毛を引っ張ってひきずり回したり，け飛ばしたり。それで，私はもう動けなくなって，警察を呼ぶこともできなくて。外にもひきずり出されたりして。「このまま死ぬような事をされて，それで死ぬんだ」と思いました。それが一番怖かったことです。(30代)

・手を出し始めたと思ったら，今度は私の髪の毛を引っ張って，引き回して。そうするうちに首を絞めてきたんです。私が首に巻いたスカーフでギュウッと絞められて…。もうその時，私も「終わった」と思ったんです。相手が手を外した途端に，ウーッと息を吹き返した事に，自分で気がついたんですよ。(60代)

・カーッとしてくると，私の胸ぐらをつかむんですよ。そして何かわめきながら，壁とかにガンガンぶつけるんです。座ってる時だと，いきなり押し倒されて同じようにやられるんです。そんな時は，「あ，殺されるかもしれないな」っていう恐怖が，やっぱりあるんですよ。(50代)

・最初に受けた暴力の頃から，だんだんにひどくなっていって，最終的には刃物を持って脅されるという状況でした。この先は「命の危険」が考えられましたし，「子どもを連れて飛び降りたら，ラクになる」というような，そういう状況まで追いつめられてました。(40代)

(内閣府男女共同参画局2002：16-17)

このように生命に関わる暴力が日常的に振るわれている現実がある。DV被害の実態は深刻であり，家庭という密室の中で，夫から暴力を振

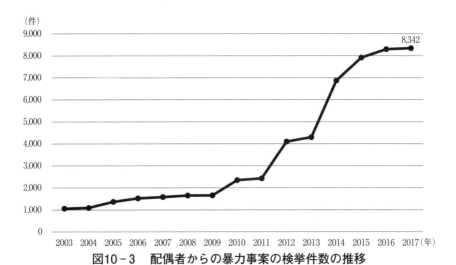

（件）

8,342

2003 2004 2005 2006 2007 2008 2009 2010 2011 2012 2013 2014 2015 2016 2017（年）

図10-3　配偶者からの暴力事案の検挙件数の推移

（注）刑法犯・他の特別法犯の集計。DV 防止法の改正により，2014年以降は「生活の本拠
　　を共にする交際関係」追加。
（出典）警察庁「平成29年におけるストーカー事案及び配偶者からの暴力事案への
　　　　対応について」（2018年３月15日）をもとに作成。

るわれる妻の恐怖は計り知れない。

（2）　検挙件数からみる被害状況

　当然のことながら，夫婦間であっても暴力は人権侵害であり，犯罪と
なりうる行為である。［図10-3］で，警察庁がまとめた「配偶者から
の暴力事案等の検挙件数の推移」をみると，検挙件数が年々増加し続け，
2017年は過去最高を記録している。これは暴力自体が増加しているとい
うよりも，配偶者間の暴力に対する警察の対応の変化を反映しているも
のとみられる。

　［図10-4］で，2017年における配偶者間（内縁を含む）の殺人（未
遂を含む），傷害，暴行事件（検挙件数）についてみると，殺人が157件，
傷害が2,682件，暴行が4,225件で，合計7,000件を超えている。いずれも

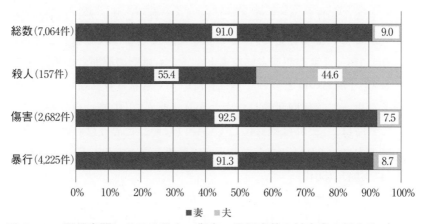

図10－4　配偶者間における殺人・傷害・暴行事件の被害者の男女比（2017年，検挙事件）

（注）配偶者には内縁の妻，内縁の夫を含む。殺人には未遂を含む。
（出典）内閣府「男女共同参画白書」（2018年度版）をもとに作成。

被害者は女性が多く，殺人で半数強，傷害や暴行では9割を超えている。
　このように，傷害や暴行では，ほとんどが夫から妻に対するもので，妻が加害者となるのは1割に満たない。それに比べると殺人では妻が加害者となる割合が4割を超え，比較的高いと言える。妻による殺人のなかには，長年夫の暴力にさらされてきた妻が極限状態のなかで殺害に及ぶケースが含まれているとみられている。前述の内閣府の事例調査でも，自らの生命の危機を感じていた女性たちが，夫への殺意を抱いていた当時の心情を語っている。

　・私は，自分の人生をずっと諦めていたんですけど，本当に「殺される」という思いが沸々とわき上がってきました。私が殺されるか，自殺するか，それでなければ，私がおかしくなって，相手を殺して

しまう。それしかないように追いつめられていました。(30代)

・夫が寝ている姿を見て,「この状態だったら私は殺せる」と思った
　り。でも,「私が犯罪者になると,子どもはその犯罪者の娘になる」
　から,「悔しいけど,いくら殺したい人でも私は殺せないんだ」と。
　そう思って,何回我慢したかわかりません。(中略) 自分が意識し
　てる時は,「それは絶対にしてはいけない」と思うけれども,無意
　識の内に,気がついたら夫のそばで呆然と立ってるんじゃないかと。
　(以下略)(50代)

・私は夫を刺せない,首も絞められない,殺せない,でもどっちかが
　病気になれば必ず別れられる。それ以外の方法で,たとえば自殺す
　る勇気は,私にはなかった。「病気になったら,別れられるのにな」
　と思ってた。本当に心から,「相手が道歩いてたらビルから何かが
　降ってきて,不慮の事故で亡くなってくれたらどんなにいいだろう」
　と,思いました。それぐらいの緊張状態でいました。(60代)

(内閣府男女共同参画局,2002:36-37)

　これらの証言からは,繰り返される暴力の中で,女性たちが極限に近
い心理状態に置かれていることがわかる。こうしてみると,前述の被害
者割合で,傷害や暴行ではそのほとんどで妻が被害者であるにもかかわ
らず,殺人では妻が加害者となるケースが少なくないという事実は,逃
げることもできず,相手を殺すしかない状況に女性が追い込まれている,
つまり,DV 被害者に対する保護体制の不備を反映しているとみること
もできる。

4. DV の構造と特性

(1) 車輪モデル

　ここまでみたとおり,DV 被害者は圧倒的に女性に偏っており,DV

を単に，夫婦間の私的な問題とみなすことはできない。問題の背景には，社会における男女間の社会的・経済的地位の格差や役割，また，男性性／女性性（男らしさ／女らしさ）といったジェンダー規範が深く関わっている。つまり，DVは夫婦間の個人的な暴力行為ではあるものの，それは男性優位の社会構造において，男性が社会的・経済的に不利な立場にある女性を支配すること，と捉えられる。

　このようなDVの構造を示すものとして，「パワーとコントロールの車輪」の図がある。［図10 - 5 ］は，アメリカ・ミネソタ州ドゥルース市のDV介入プロジェクトが作成した図をもとに，日本の状況にあわせて修正されたものである。

　図では，DVが車輪のかたちで表現されており，車輪は外輪，その内側，車輪の軸の3つの部分からなる。まず，外輪に相当する部分は身体的暴力である。その内側にあるのが，「心理的暴力」，「経済的暴力」，「性的暴力」，「子どもを利用した暴力」，「強要・脅迫・威嚇」，「男性の特権を振りかざす」，「過小評価・否認・責任転嫁」「社会的隔離（孤立させる）」といった，非身体的暴力である。このうち，「過小評価・否認・責任転嫁」はややわかりにくいが，具体的には，加害者が暴力の深刻さを理解せず，些細なこととみなしたり，暴力を振るっていないと主張したり，暴力の責任を回避したり，その責任を女性に押し付けることなどである。そして車輪の軸に相当するのが，「パワーとコントロール（力と支配）」，すなわち，男性の「権力と支配」である。ここでの権力とは，妻を服従させる力をさし，それは社会的地位や影響力，経済力などに基づくが，それらはいずれも男性優位の社会構造によってもたらされている。

　図では，車輪の背景に社会の特徴として，性別役割分担の強制，結婚に関する社会通念，子どもをめぐる社会通念（たとえば，子どものために父親が必要，子どものために離婚はすべきではない，という考え方な

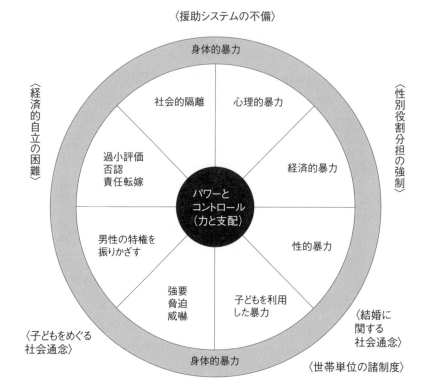

図10-5　パワーとコントロールの車輪

（注）米国ミネソタ州ドゥルース市のドメスティック・バイオレンス介入プロジェクト作成
　　　の図を引用した「夫（恋人）からの暴力」調査研究会著『ドメスティック・バイオレ
　　　ンス』（有斐閣発行）に掲載されている図を，著者の許可を得て，かながわ男女共同
　　　参画センターが加筆修正したもの。
（出典）かながわ男女共同参画センター『夫やパートナーからの暴力に悩んでいま
　　　せんか──ドメスティック・バイオレンス（DV）に悩む女性たちへ』（2019
　　　年3月），p.6より引用。

ど），世帯単位の諸制度，女性の経済的自立の困難，DV 被害に対する
援助システムの不備が示されている。

　車輪が外部と接する部分にあたる，身体的暴力は目に見えやすく，わ
かりやすい暴力である。その内側の非身体的暴力は目に見えず，外部か
ら暴力と認識されにくいが，これが外輪の身体的暴力を支えている。そ
して，これらの暴力の相乗効果によって，暴力の威力が高まり，男性の
力と支配はいっそう強化される。つまり，身体的暴力のみならず，さま
ざまな非身体的暴力によって，女性に自責感情を植え付けたり，女性の
自己肯定感を奪ったりすることで，加害男性の支配から逃れられなくす
るのである。それは，実際に身体的暴力を振るわなくても可能であり，
身体的暴力の可能性を背景に，非身体的暴力だけでも女性を男性の支配
下におくことができる。

　このような DV の本質的な構造をみると，女性を無力化し，逃げる力
をも奪うのが DV であることがわかる。このことは，児童虐待の問題に
もつながっている。DV で夫の支配下に置かれた妻は，もはや思考力も
判断力も停止状態に追い込まれている。そのため，夫がわが子に暴力を
振るっていても，母親として子を守る行動に出ることができなくなって
いる。こうして，家庭という密室のなかで，夫の DV により無力化され
た妻は，暴力の被害者であるがゆえに，暴力の加害者にもなりうるので
ある。すでに述べたとおり，DV は相手を支配することによって，人と
しての力を根こそぎ奪いとる，卑劣な行為である。社会はこの DV の本
質を深刻に受け止めなくてはならない。

（2）「ジェンダーの主流化」という課題

　以上のとおり，DV 被害は女性に著しく偏っているが，その背景には
男女間の社会経済的地位の格差がある。こうしてみてくると，DV を根
絶するには，社会における男女平等の実現が不可欠と言える。

　そのための取り組みは国際婦人年以後，国連および各国政府によって続けられているが，1995年の第4回世界女性会議（北京会議）以降，男女平等実現の有力な戦略とみなされているのが，ジェンダーの主流化（gender mainstreaming）である。

　ジェンダーの主流化とは，すべての政策領域の，すべての政策過程にジェンダーに敏感な視点を組み込むこと，である。まず，すべての政策領域とは，男女平等政策とみなされる政策だけでなく，男女平等とは直接的には関係がないとみなされる政策も対象に含める，という意味である。一般的に性別とは無関係に行われる政策であっても，それが男女に平等に利益をもたらすとは限らない。それどころか政策によっては，意図しないうちに男女格差を助長する場合もある。そこで，男女平等を実現するには，あらゆる分野の政策において，これまで脇に置かれがちであったジェンダーの視点を主流におく必要がある，というのである。

　また，すべての政策過程とは，政策過程における立案，実施，モニター，評価などのあらゆる段階において，ジェンダーの視点から政策を考慮する，という意味である。実際に政策担当者がどのような問題を政策課題として認知するか，政策目標をどのように設定するか，その目標に向けてどのような手段を用いるか，そのためにどれだけの予算や人材を投入するか，それによって財やサービスはどこに分配されたかなど，政策のいくつもの段階にジェンダー・バイアスが入り込むおそれがある。

　このように，すべての政策領域のすべての政策過程にジェンダーに敏感な視点を浸透させることで，社会構造や制度を変革することが，ジェンダーの主流化の狙いである。DVを撲滅し，暴力のない社会を実現するには，DV被害者の保護体制を完備するとともに，ジェンダーの主流化を徹底し，男性優位の社会構造を是正することが不可欠である。

参考文献

・戒能民江（2002）『ドメスティック・バイオレンス』不磨書房.
・内閣府男女共同参画局（2002）『配偶者等からの暴力に関する事例調査——夫・パートナーからの暴力被害についての実態調査』.
・内閣府男女共同参画局「女性に対する暴力」
　（2018年12月1日取得，http://www.gender.go.jp/）.
・「夫（恋人）からの暴力」調査研究会（1998）『ドメスティック・バイオレンス』有斐閣.
・多賀太・伊藤公雄・安藤哲也（2015）『男性の非暴力宣言——ホワイトリボン・キャンペーン』岩波書店.

11 | DV（ドメスティック・バイオレンス）からの解放

下夷美幸

《目標＆ポイント》　本章では，DVからの解放に向けて，必要な被害者支援について理解することを目標とする。DV防止法の意義とは何か，DV被害者の保護は進んでいるのか，支援制度のどこに問題があるのか，DVを根絶するために何が必要か，について考えていく。

《キーワード》　DV防止法，配偶者暴力相談支援センター，保護命令，民間シェルター

1．DV防止法の成立と意義

　2001年4月，「配偶者からの暴力の防止及び被害者の保護に関する法律」，いわゆる「DV防止法」が成立し，同年10月13日から施行されている（一部は2002年4月1日施行）。その後，2004年，2007年，2013年の法改正により，実効性を高めるための制度整備がなされている[1]。DV防止法が制定されたことで，行政によるDV対策が始まり，DVあるいは，ドメスティック・バイオレンスという言葉も広く知られるようになってきた。今なお課題を残しつつも，「法は家庭に入らず」という法格言を超えて，配偶者からの暴力に対する法律が制定されたことは画期的と言える。なかでもDV防止法制定の意義として，次の2点が挙げられる。

　第一に，DVが女性に対する人権侵害である，と法律に明記されたこ

1）　2017年の法改正では，「生活の根拠を共にする交際相手」からの暴力も法の適用対象となったことから，法律名に「等」が付加され，「配偶者からの暴力の防止及び被害者の保護等に関する法律」に改められている。

とである。このことは法律の前文でうたわれている。前文では，配偶者
からの暴力が「犯罪となる行為をも含む重大な人権侵害」と記され，さ
らに，「被害者は，多くの場合女性」と明記されている。DV 防止法は
被害者が男性の場合も対象としているが，この前文を見ると，女性の人
権保障のために立法されたことがわかる。

　家庭という密室で振るわれる暴力は，被害者がそれを家庭外に訴え出
なければ，誰も知ることができない。従来，女性が夫からの暴力を訴え
ても，役所や相談機関の対応者ですら人権侵害としての認識がなく，「あ
なたにも落ち度がある」「夫も愛情があってやっている」など，被害者
である女性を非難したり，暴力を肯定したりして，被害者がさらに傷つ
くことが少なくなかった。法律に夫からの暴力が人権侵害と明文化され
たことは，このような二次被害を防止するためにも重要である。

　第二に，DV の防止と被害者保護が国や地方自治体の責務である，と
法律に明記されたことである。従来，DV 問題に対する政府の対応は，
売春防止法の婦人保護事業によるものでしかなかった。婦人保護事業は，
元来，売春を行うおそれのある女子を対象としたものであり，DV 被害
女性を保護するには十分とは言えず，保護された女性に対する偏見や差
別的対応による二次被害が起こることもあった。

　DV 被害者が公的機関に頼れない現実のなか，実際に被害女性を保護
してきたのは，主に民間シェルターである。民間シェルターとは，民間
団体によって運営されている緊急一時的な避難施設であるが，一時保護
にとどまらず，DV 相談への対応や被害女性の自立支援など多様な支援
を行っている。DV は生命の危険をももたらしうる問題であり，本来，
被害者保護は公的責任で行うべきことであるが，それを民間シェルター
に携わる人々がほとんど無償で担ってきたのが現実である。配偶者から
の暴力が夫婦喧嘩とみなされ，私的な問題として放置されてきた日本社

会において，DV 問題に対する公的責務が法律に明記されたことの意義
は大きい。

2. DV 対策の概要

（1） 対象となる DV

DV 防止法による DV 対策は，［図11 - 1］のとおり，被害者の保護が
中心となっており，その主たる手段は一時保護と保護命令である[2]。法
律の対象となる「配偶者からの暴力」の定義は，制定当初は極めて限定
的であったが，法改正を経て対象が拡大している。まず，「配偶者」に
ついては，現在の配偶者（事実婚を含む）だけでなく，元配偶者も対象
となっている。さらに，「生活の拠点を共にする交際相手」，いわゆる同
棲相手も対象に加えられている。

また，「暴力」については，身体的暴力だけでなく，精神的暴力や性
的暴力も対象とされている。ただし，後述の保護命令の申立については，
身体的暴力のほかは，生命等に対する脅迫のみに対象が限定されている。

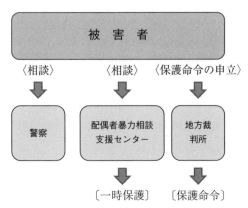

図11 - 1　DV 防止法の被害者支援の流れ

2）　以下，DV 防止法に基づく制度の内容については，内閣府男女共同参画局「女
　性に対する暴力」のホームページの情報による。

　なお，DV 防止法は男女間の暴力を想定したものと言えるが，法律に性別に関する規程はなく，同性カップルにおける暴力も対象となる[3]。

（2）　配偶者暴力相談支援センター

　DV 対策の中核施設となるのが，配偶者暴力相談支援センターである。DV 防止法により，都道府県には配偶者暴力相談支援センターの設置が義務づけられている（市町村は努力義務）。ただし，配偶者暴力相談支援センターは DV 問題を専門に扱う施設として新設されるわけではなく，都道府県が既存の婦人相談所やその他の施設を指定し，その施設が配偶者暴力相談支援センターの機能を担うものである。婦人相談所とは，売春防止法により各都道府県に必ず1つは設置されている施設で，元来，売春を行うおそれのある女性の相談，指導，一時保護等を行う施設であるが，DV 防止法制定以後は配偶者暴力相談支援センターの機能を担う施設としても位置づけられている。

　都道府県によっては，婦人相談所のほかに，女性センターや福祉事務所などを配偶者暴力相談支援センターに指定しているところもある。また，市町村が独自に既存の施設を配偶者暴力相談支援センターに指定している場合もある。2018年12月現在，配偶者暴力相談支援センターの設置数は283か所（うち，市町村による設置数110か所）である。ただし，各都道府県別にみると，1か所から20か所まで大きな格差がある[4]。

　配偶者暴力相談支援センターでは，①相談や相談機関の紹介，②カウンセリング，③被害者や同伴家族の一時保護，④自立生活促進のための情報提供，⑤保護命令制度の利用についての情報提供，⑥民間シェルター等の利用についての情報提供，などが行われるが，このうち1つでも

3）『日本経済新聞』2010年8月31日（夕刊）によると，同性のパートナーから暴力を受けたとする女性からの申し立てを受け，裁判所が DV 防止法に基づく保護命令を相手女性に出していた，という。2007年，西日本の地方裁判所が出したというが，被害者保護のため詳細は明らかにされていない。保護命令については後述のとおり。

4）　配偶者暴力相談支援センターの設置数については，内閣府男女共同参画局「女性に対する暴力」（「配偶者からの暴力被害者支援情報」「相談機関一覧」）による。

実施していれば，配偶者暴力相談支援センターとして認められており，各センターでこれらの事業すべてが行われているわけではない。このように事業の提供が法律で義務化されていないために，都道府県の配偶者暴力相談支援センターの組織体制や支援サービスには地域格差が著しく，支援の公平性に問題がある，と指摘されている（戒能　2012：10）。

　前記の事業のうち，相談については，配偶者暴力相談支援センターだけでなく，警察も応じている。警察では，加害者の検挙，指導・警告，対応策などに関する情報提供が行われ，被害者の意思を踏まえて，必要な措置がとられることになっている。第10章でみたとおり，配偶者間の暴力事件の検挙件数はDV防止法制定後，大幅に増加しており，警察のDVに対する態度はかつてより積極的になっていると言える。

　また，被害者の一時保護については，配偶者暴力相談支援センターの事業に挙げられているが，一時保護を行うかどうかの決定は婦人相談所が行う。そして，一時保護が決定した場合，被害者および同伴家族は，婦人相談所内の一時保護施設で保護されるが，民間シェルターや母子生活支援施設等への委託により保護されることもある。法律の制定当初から，公的施設だけでなく，民間シェルターも委託先に含まれている点は特徴と言える。

（3）　保護命令制度

　DV防止法に基づくDV対策の中心は「被害者の保護」であり，そのために導入されたのが保護命令制度である[5]。保護命令制度とは，被害者の安全確保のために，裁判所が加害者に対して，つきまとい等を禁じる「保護命令」を発令する制度である。保護命令についても，当初は限定的なものであったが，法改正により，対象者や命令の内容などが拡充されている。保護命令には，①「被害者への接近禁止命令」，②「被害者の子への接近禁止命令」，③「親族等への接近禁止命令」，④「電話等

5）　保護命令制度については，裁判所「保護命令の手続きについて」ホームページによる。

禁止命令」，⑤「退去命令」の5種類がある。このうち②から④は，①「被害者への接近禁止命令」の実効性を確保するために出されるもので，単独で発令されることはなく，①と同時か，すでに①が出ている場合にのみ発令される。よって，保護命令の基本は①「被害者への接近禁止命令」と⑤「退去命令」である。

「被害者への接近禁止命令」とは，被害者の身辺につきまとったり，被害者の住居や勤務先の付近を徘徊したりすることを禁止する命令で，期間は6か月ある。これに付随して出される「被害者の子への接近禁止命令」とは，被害者と同居している未成年の子へのつきまとい等を禁止するもので，これは，加害者が子を連れ去ったために被害者が加害者に会わざるを得なくなったり，加害者が子どもから被害者の居場所を聞き出したりしないよう，発令される。同じく付随して出される「親族等への接近禁止命令」とは，被害者の親族等へのつきまとい等を禁止するもので，これは，加害者が被害者の実家などに押し掛けて，被害者が配偶者に会わざるを得なくなったり，親族等への迷惑をおそれて加害者のもとから逃げられなくなったりしないよう，発令される。いずれも期間は6か月である。

そのほか，付随するものに「電話等禁止命令」もあるが，これは面会の要求，無言電話，緊急時以外の連続しての電話や電子メール，性的羞恥心を害する告知や写真等の送付等を禁止するものである。これらの行為もつきまといや徘徊と同じく，深刻な被害をもたらすことから，被害者への接近禁止命令に付随して発令される。期間も同じく6か月である。

また，「退去命令」とは，被害者と配偶者とが同居している場合に，加害者に対して家から出ていくことを命じ，かつ，家の付近を徘徊することを禁止する命令で，期間は2か月である。これは，一時的に加害者を住居から退去させ，その間に被害者が自身の荷物を運び出すことを想

定したものである。被害者の側がそれまで生活していた家から出ていかなくてはならない状況は問題と言えるが，深刻な DV の場合，被害者は着の身着のままで，命からがら家から逃げ出しているのが現実であり，せめて安全に自身にとって必要な荷物を持ち出す期間が確保されることは重要である。

退去命令の期間は，他の保護命令に比べて短いが，これでも2004年の法改正で延長されて 2 か月になったもので，制定当初はわずか 2 週間であった。このように短い期間に制定されているのは，退去命令が財産権や居住権の侵害になるおそれがある，との議論があるからである。

これらの保護命令の申立てができるのは，身体に対する暴力や生命又は身体に対する脅迫を受けた被害者が，今後もさらに暴力を振るわれて，生命や身体に重大な危害を受けるおそれが大きいとき，とされている。つまり，保護命令制度は，すでに相当な暴力を受けており，さらに生命に関わるような危険な状況に追いやられた被害者のための制度と言える。

このように限定的な救済制度であるが，保護命令の重要な点は，命令に違反すると刑事罰が科されることである。具体的には， 1 年以下の懲役又は100万円以下の罰金が科される。この罰則をつけるかどうかは，DV 防止法の立法過程で最も議論になった点であるが，保護命令に実効性を持たせるため，違反に対する刑事罰が導入されたという経緯がある。

3. 被害者支援の実態

（1） 相談

DV 防止法の制定後，DV の顕在化が進展している。［図11 - 2］で，全国の配偶者暴力相談支援センターに寄せられた相談件数をみると，

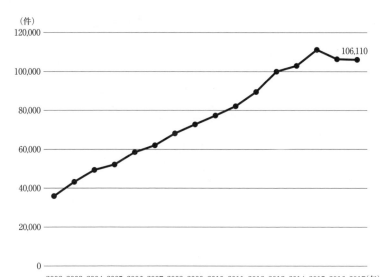

（件）

図11 - 2　配偶者暴力相談支援センターにおける相談件数

（注）配偶者からの暴力の被害者からの相談等を受理した件数。
（出典）内閣府男女共同参画局「配偶者からの暴力に関するデータ（平成30
　　　年9月28日）」をもとに作成。

2002年度の35,943件から年々増加し，2014年度には10万件を超えている。
その後増減があるが，高水準で推移しており，2017年度は106,110件で
ある。このように，相談件数は15年間に約3倍となっている。

　また，警察へのDV相談も年々増加しており，［図11 - 3］をみると，
2002年は14,140件で，翌年わずかに減少しているが，以後は継続して増
加し，2017年には7万件を超えている。その伸び率は著しく，15年間で
5倍となっている。

　このように配偶者暴力相談支援センターや警察への相談件数は，それ
ぞれ年間10万超，7万超となっているが，内閣府が2017年に実施した全
国調査では，DV被害者の約半数が「どこにも相談していない」と回答

194

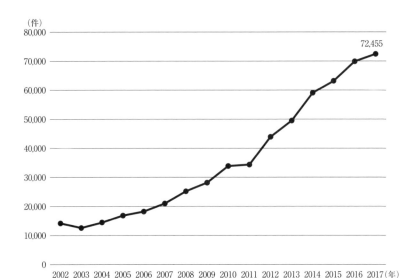

図11-3　警察における配偶者からの暴力事案の相談件数

（注）配偶者からの身体に対する暴力の相談等を受理した件数。
（出典）内閣府「配偶者からの暴力に関するデータ（平成30年9月28日）」をもと
に作成。

している。相談先は家族・親族や知人・友人が多く，被害者のうち「配
偶者暴力相談支援センターや男女共同参画センターに相談した」のは1
％，「警察に連絡・相談した」のは2％程度にすぎない[6]。いまなお，
多くのDV被害者が公的機関に相談していないのが現実であり，統計に
現れる相談件数は実際のDV被害の氷山の一角である。

（2）　一時保護

　深刻なDVの場合，被害者の安全確保のために一時保護が行われる
が，実際に機能しているのだろうか。［図11-4］で婦人相談所におけ
る一時保護件数の推移をみると，上述の相談件数とは異なり，ほとんど
増加していない。むしろ，2014年度以降は大幅に減少しており，2016年

6）　内閣府男女共同参画局「男女間における暴力に関する調査」（2017年度）によ
る。

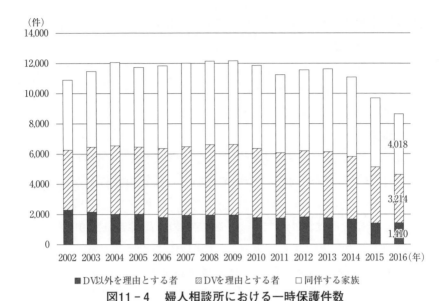

図11-4　婦人相談所における一時保護件数

（出典）内閣府男女共同参画局「配偶者からの暴力に関するデータ（平成30年9月28日）」をもとに作成。

度に一時保護されたDV被害女性は3,214人で，ピーク時の7割弱である。

　一時保護の減少理由としては，DV相談の普及により，一時保護を必要とする深刻な事態になる前の相談が増え，対応がなされるようになったから，という見方もできるが，他方，精神的暴力の被害の深刻さが十分に認識されず，一時保護を希望しても緊急性が認められないケースが増えているのではないか，とも考えられる。また，一時保護施設の多くでは，小学生の高学年あるいは中学生以上の男児の同伴を禁止していたり，携帯電話の使用を禁止していたり，一定の制限を設けている。禁止の理由は，それぞれ，DV被害女性に男性を想起させる，加害者からの

196

追跡を防止する，というものだが，これらの制限があるために，入所を
ためらうケースが増えている可能性もある。

　いずれにせよ，DV被害女性の一時保護のニーズが充足されていると
は考えにくく，一時保護件数の減少という事態を受けて，その原因の解
明と制度の改善が求められる。

（3）　保護命令

　では，DV防止法で導入された保護命令は利用されているのだろうか。
［図11‐5］で保護命令事件について終局した件数の推移をみると，法
施行後，数年間は年々増加しているものの，その後はほぼ横ばいで，
2015年以降は大幅に減少している。2017年の終局件数は2,293件で，ピ
ーク時の約7割にとどまっている。この間の保護命令の容認率はほぼ8
割で，保護命令の発令件数も2015年以降は減少しており，2017年は
1,826件である。このような減少傾向の要因は明らかではないが，保護
命令の必要性が減少しているとは考えにくく，制度の使いづらさや実効
性への懸念から，利用が減少している可能性もある。

　終局したもののうち，却下が5％程度，取下げが15％程度で，この割
合もさほど変化していない。申立に至ったにもかかわらず，取り下げが
一定数を占めているのはなぜか，その理由は明らかではないが，裁判所
による取り下げ勧告の影響が指摘されている（戒能　2012：13）。たしか
に，発令される可能性が低いと伝えられれば，相手を刺激しないために
自ら取り下げることは十分に考えられる。しかし，そもそも裁判所の判
断が，被害者の危険性を十分に認識したうえでなされたものか，という
点も懸念される。

　なお，保護命令が出るまでの審理期間は，平均12.6日である[7]。保護
命令の申立は，前述のとおり，生命や身体に重大な危害を受けるおそれ
が大きいとき，とされている。申立がなされれば，加害者が報復に出る

7）　DV防止法施行から2017年10月までに容認された保護命令事件の平均審理期
　　間。男女共同参画会議・女性に対する暴力に関する専門調査会（第90回）（2017
　　年12月25日）における最高裁判所説明資料による。

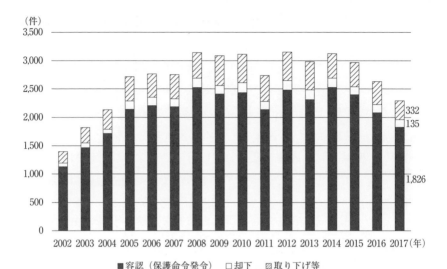

図11-5　**DV防止法に基づく保護命令の既済件数**

（出典）内閣府男女共同参画局「配偶者からの暴力に関するデータ（平成30年9月28
　　　　日）」をもとに作成。

ことも予想され，被害者はいっそう危険な状態で10日以上も待たなけれ
ばならない。DV防止法では，緊急性がある場合には，裁判所は相手方
の意見を聞く審尋を経ずに，保護命令を出せることになっているが，こ
れが十分に活用されていないとみられる。このように発令までに時間が
かかることが，申立の抑制や取り下げの要因になっている可能性も否定
できない。

　2017年に発令された保護命令（1,826件）について，最高裁判所の統
計からその内訳をみると，多い順に，「被害者への接近禁止命令」と「子
への接近禁止命令」の発令（695件），この2つと「親族等への接近禁止
命令」の発令（389件），「接近禁止命令」と「電話等禁止命令」の発令
（334件）となっている。保護命令の一つの柱である「退去命令」の発令

をみると，非常に少なく（148件），発令された保護命令の約8％にすぎない[8]。

退去命令については，前述のとおり，財産権や居住権の侵害になるおそれがある等の議論があったが，制度導入当初から発令が少なかったわけではない。［表11-1］で退去命令の件数をみると，2004年までは順調に増加し，保護命令が出されたケースの3割を超えるに至っているが，翌2005年に激減し，その後は低迷している。このように，2004年を境に状況が一変しているが，これは，2004年の法改正で退去命令の期間が2週間から2か月に拡充されたことに起因するとみられる。つまり，退去命令に対する裁判所の判断が慎重になった，ということである。被害者保護のための法改正がかえって保護の抑制をもたらす結果となっており，DV問題に対する裁判所の認識が問われる。

さて，保護命令制度の特徴は，違反者に刑事罰を科している点であるが，実態はどうなっているのだろうか。まず，［表11-2］で保護命令違反の検挙件数をみると，大筋では増加してきたと言えるが（ただし，2017年は大幅減となっている），DV防止法施行から2017年12月末までの検挙件数を合計しても1,319件で，これは同期間の保護命令の発令件数の約4％にすぎない[9]。保護命令が発令されても，加害者に居場所を突き止められ，つきまとわれるケースは少なくないことから，検挙されているのは違反者の一部ではないか，と考えられる。

しかも，検挙されたものがすべて起訴されるわけではない。［表11-2］で保護命令違反事件の処分状況の推移をみると，起訴件数は年により増減があるが，2015年以降は減少傾向にあり，一方，不起訴については増加傾向がみられる（ただし，2017年は減少）。一部の年を除き，不起訴の増加を反映して，起訴率は低下傾向にあり，2000年代はじめは80％を

8）　最高裁判所「司法統計年報　民事・行政編」（2017年版）をもとに算出。なお，「退去命令」は，「接近禁止命令と退去命令」および「退去命令のみ」の合計。
9）　保護命令の件数については，最高裁判所「司法統計年報　民事・行政編」（各年版）による。

表11-1　退去命令の発令状況

(件)

年	退去命令の件数	接近禁止命令・退去命令・電話等禁止命令	接近禁止命令・退去命令	退去命令のみ	保護命令に占める退去命令の割合（%）
2002	330	–	326	4	29.3
2003	410	–	406	4	27.9
2004	559	–	554	5	32.6
2005	194	–	190	4	9.1
2006	174	–	166	8	7.9
2007	180	–	173	7	8.2
2008	155	101	47	7	6.1
2009	152	118	26	8	6.3
2010	176	141	25	10	7.2
2011	144	127	13	4	6.7
2012	166	146	13	7	6.7
2013	140	123	14	3	6.1
2014	151	119	25	7	6.0
2015	149	128	19	2	6.2
2016	128	116	9	3	6.1
2017	148	137	9	2	8.1

（注）配偶者暴力等に関する保護命令既済事件の終局区分による。
（出典）最高裁判所「司法統計年報　民事・行政編」をもとに作成。

超えていたが，2015年からは60%を下回っている。

　2017年は起訴が48件，不起訴が34件であるが，同年の「検察統計」をみると，不起訴のうち「起訴猶予」が29件，「嫌疑不十分」が5件で，不起訴の多くが起訴猶予となっている[10]。起訴猶予とは，証拠は十分であっても，犯罪の軽重や情状などにより，検察庁が起訴しないことである。そうすると，ここでの不起訴処分は，保護命令違反の証拠は十分に認めながらも，「犯罪自体が軽い」「加害者が反省している」などを理由に，起訴されなかったものとみられる。これらの不起訴処分がDV事案の実情に即したものであったのか，また，その後に被害は生じていないのか，検証の必要がある。

---

10)　検察庁「検察統計年報」（2017年）による。

表11-2　保護命令違反事件の処分状況

(件)

年	起訴	不起訴	起訴率（%）	【参考】 保護命令違反検挙
2001	0	0	0	3
2002	29	6	82.9	40
2003	34	6	85.0	41
2004	43	8	84.3	57
2005	58	19	75.3	73
2006	41	14	74.5	53
2007	71	14	83.5	85
2008	51	27	65.4	76
2009	70	25	73.7	92
2010	64	21	75.3	86
2011	37	31	54.4	72
2012	85	32	72.6	121
2013	70	42	62.5	110
2014	80	42	65.6	120
2015	64	49	56.6	106
2016	62	48	56.4	104
2017	48	34	58.5	80

（注）起訴率は「起訴」と「不起訴」の合計に対する「起訴」の割合を算出。
（出典）検察庁「検察統計」，および警察庁「平成29年におけるストーカー事案及び配偶者からの暴力事案等への対応状況について」をもとに作成。

　罰則付きの保護命令は，DV防止法における被害者保護の柱と言えるが，DV防止法施行から2017年12月までに起訴されたのは，合計でも907件にとどまり，この間の保護命令の発令件数のわずか2.7％にすぎない[11]。残りの97％に命令違反がないとは考えにくく，保護命令の実効性を確保するために導入された罰則が機能しているのか，疑問が残る。

4．DV対策の課題

（1）　総合的な支援体制

　従来，家庭内の私的な問題として事実上，放置されてきたDVに対し

---

11)　保護命令の件数については，注9）のとおり。

て，DV防止法が制定され，行政の責任として取り組みが進められてきたことは，大きな前進と言える。しかし，ここまで見てきたとおり，一時保護や保護命令といった主要な制度が十分に機能しているとは言えない。現行制度の運用状況とその問題点を検証し，被害者保護として実効性をあげるための改善が求められる。

　さらに，今後の課題として挙げられるのは，被害者の新たな生活に向けた総合的な支援体制の整備である。被害者の多くは，心身に深い傷を受けているばかりか，それまでの仕事を辞めざるを得ず，経済的な生活基盤が不安定である。また，地域社会で築いてきた人間関係をすべて失い，社会的に孤立している場合もある。そのほか，相手との離婚問題に直面している場合や，子どもの問題で苦悩している場合もある。このように，DV被害者は相手の暴力から逃れられたとしても，その後も多くの困難を抱えている。加えて，被害者が子を連れている場合には，子どももDV被害の当事者であり，親とは別に子ども独自の問題を抱えている。

　こうしてみると，被害者および被害者家族が自立した生活を取り戻すためには，生活全般にわたる多様なニーズを的確に捉え，経済的援助や専門的サービスなどを組み合わせ，総合的に支援していく体制が必要である。そのような体制整備が公的責任で行われるべきことは言うまでもないが，実際の支援の場においては，被害者や子どもの状況に応じた柔軟な対応が不可欠であり，その点では，民間シェルターが機能的である。民間シェルターの中には，緊急一時保護のほか，中長期的支援や退所者支援など，被害者が生活を回復するための支援を行っている施設もあり，すでにDV被害者支援における重要な役割を担っている。行政には民間シェルターとの連携を強化し，DV被害者に寄り添いながら生活再建を援助する，総合的な支援体制の整備が求められる。

（2） DV加害者の法的責任

　DV防止法の制定により，被害者保護に対する対応は進展してきたが，加害者への対応は課題として残されている。まず，DV加害者に対する法的責任を徹底して追及することが必須であり，保護命令違反に対する処罰だけでなく，DV行為自体を適正に処罰するための法整備が求められる。

　DV防止法制定後，DVが単なる夫婦喧嘩ではなく，暴力であるという認識は広がってきたものの，それが暴行罪や傷害罪などが適用される犯罪行為であるとの認識は，まだ十分に浸透していない。そのため，警察や裁判所においても，被害者の切実な訴えに適切な対応がとられないケースがある。被害者保護の仕組みがあっても，DVが犯罪行為であるという理解が社会的に共有されなければ，一部の被害者しか救済されない。

　また，被害者が救済されたとしても，加害者がそのまま放置されれば，新たな関係のなかでDVが繰り返されることになる。加害者を処罰したからといって，暴力を振るわなくなるとは限らないが，社会がDV行為を許さない態度をとることが重要である。

　そして，加害者に法的制裁を科すと同時に，加害者更生プログラムへの参加を義務づけることも検討される必要がある。加害者更生プログラムについては，その評価が難しく，逮捕した加害者に更生プログラムの受講を義務づけている米国でも，特に大きな効果をあげているとは言えない。しかし，多くの加害者は自分には非がないと確信しており，自ら変わろうとすることはほとんどないという（バンクロフト 2008）。法的制裁と並行して，更生プログラムへの参加を義務づけることで，加害者の意識改革を促すことが第一歩と言える。

　DVは家庭という密室で生じるが，これは私的な問題ではなく，重大

な人権侵害である。DV 行為の犯罪化により，夫婦間において振るわれる暴力が深刻な社会問題であることを明確にし，社会がそれを許さないという態度をとらなければ，家庭の中から DV をなくすことはできない。いうまでもなく，家族という親密な関係のなかにも強者と弱者の力関係が潜んでいる。まさに，DV は家族内の強者による弱者の支配である。そのような支配による家族関係から個人を解放するための支援が，被害者と加害者のそれぞれに対して必要である。

参考文献

・ランディ・バンクロフト（高橋睦子・中島幸子・山口のり子訳）（2008）『DV・虐待加害者の実体を知る――あなた自身の人生を取り戻すためのガイド』明石書店.
・戒能民江（2012）「DV 防止法」ジェンダー法学会編『暴力からの解放（講座ジェンダーと法・第 3 巻）』日本加除出版：3-18.
・内閣府男女共同参画局「女性に対する暴力」
（2018年12月 1 日取得，http://www.gender.go.jp/）.
・裁判所「保護命令の手続きについて」
（2018年12月 4 日取得，http://www.courts.go.jp/saiban/syurui_minzi/minji_hogomeirei/index.html）.

12 | 現代家族と児童虐待

下夷美幸

《目標＆ポイント》 本章と続く13章では，親による子どもの虐待問題を取り上げる。本章では，家庭内で生じる児童虐待の特性について理解することを目標とする。児童虐待とは何か，児童虐待は増えているのか，虐待対策はいつから取り組まれてきたのか，早期発見のためにどのような制度があるのか，そこにどのような課題があるのか，について考えていく。

《キーワード》 児童虐待防止法，親と子の非対称性，早期発見，家族の監視化

1. 児童虐待とは

親の暴力による子どもの死亡事件が相次ぎ，児童虐待という言葉はもはや説明の必要がないほど広く知られている。法的な定義をみると，児童虐待防止法では，「身体的暴行」「性的暴行」「心理的虐待」「ネグレクト」の４つが児童虐待として規定されている[1]。このうち，「身体的暴行」は，殴る，蹴る，熱湯をかける，首を絞める，逆さつりにする，戸外に閉め出すなどの行為を指し，これは，子どもに外傷を負わせることから，周囲からわかりやすく，顕在化しやすいと言える。しかし，あえて外から見えづらい部分を狙って，暴行が加えられることもあり，被害が見つけにくいケースもある。また，身体的虐待には，意図的に子どもを病気にさせる行為も含まれる。典型例としては，子どもをわざと傷つけて熱心に面倒をみるふりをし，周囲の注目を集めようとする「代理ミュンヒ

---

1) 法律の正式名称は，「児童虐待の防止等に関する法律」。

ハウゼン症候群」と呼ばれるものである。こうした親の行為により，子どもには不必要な検査や治療が繰り返されるほか，生命に危険が及ぶこともあるが，献身的な親にみえるため，虐待とは気づかれにくい。

「性的虐待」とは，加害者が自らの性的満足を得るために，子どもを不当に扱うことである。具体的には，子どもへの性交や性的行為をする，子どもの性器を触る（自分の性器を触らせる）といった直接的な行為のほか，子どもに性器や性行為を見せる，子どもをポルノグラフィーの被写体にするなど，子どもに接触しない行為もある。

性的虐待の特徴は，虐待の事実が外部から見えないということである。子どもが被害を訴えなければ，虐待の事実は顕在化しない。中には，「誰かに話したら殺す」などと脅され，打ち明けられない子どももいる。また，乳幼児の場合は，子ども自身がそれを虐待と認識することができないという問題もある。このように性的虐待は見逃されやすいが，被害児が受ける心身のダメージは甚大で，PTSD（心的外傷後ストレス障害）などの精神的な疾患をもたらし，被害が長期的にわたる場合もある。なお，2017年6月，性犯罪に関する刑法の改正が行われ，その際，児童への性的虐待に関し，監護者わいせつ罪および監護者性交等罪が新設されている。

「心理的虐待」は言葉や態度で子どもを傷つけることで，具体的な行為としては，言葉による脅かしや脅迫，無視や拒否的な態度，言動によって子どもの自尊心を傷つけること，きょうだい間で差別的な扱いをすることなどが挙げられる。また，子どもがDV（ドメスティック・バイオレンス）を目撃することも，心理的虐待に含まれる。これは面前DVと呼ばれるもので，暴力が直接子どもに向けられたものでなくても，DVを見聞きすることが子どもに深刻な影響を与えることから，2004年の法改正で心理的虐待に加えられている。

「ネグレクト」とは，保護の怠慢ないし放棄のことで，具体的には，適切な食事を与えない，衣類などを不潔なままにする，家に閉じ込めるなどである。そのほか，病気になっても病院に連れて行かないことも挙げられ，これは医療ネグレクトと呼ばれる。また，2004年の法改正により，保護者以外の同居人（親族や同棲相手など）が，子どもに身体的暴行，性的虐待，心理的虐待を行っているにもかかわらず，それを放置することも保護者によるネグレクトに加えられている。

ネグレクトのなかには，一つひとつの行為は軽微に見えるものもある。しかし，子どもは保護者から適切な世話を受けなければ，成長が阻まれ，さらには生命をも危ぶまれる脆弱な存在である。よって，保護者の意思や動機にかかわらず，ネグレクトにあたる行為は虐待とみなされる。

このように児童虐待は4タイプに分けられるが，多くの虐待ケースでは，異なるタイプの虐待が複合的に起こっている。いずれにせよ，児童虐待は子どもに対する重大な人権侵害であり，許されることではない。

2. 児童虐待の現状

（1） 児童相談所における児童虐待相談の対応件数

児童虐待に関する公的統計として，最も利用されるのが，全国の児童相談所が児童虐待に関する相談に対応した件数である。［図12−1］でその推移をみると，1990年の1,101件から年々増加の一途をたどり，2017年度には13万件を超えている。このような対応件数の増加が，虐待自体の増加を反映しているのかどうかはわからない。少なくとも，対応件数の伸び率と同じペースで虐待が増加しているとは考えにくく，関係機関や人々の児童虐待に対する意識の高まりにより，通告や相談として顕在化するケースが増えたものとみられる。

さらに，［図12−2］で児童虐待の種類別に2013年度から2017年度ま

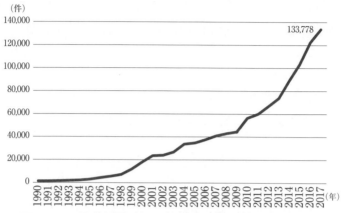

（件）

図12－1　児童相談所における児童虐待相談の対応件数

（注）2010年度の数値は，東日本大震災の影響により，福島県を除いて集計。
（出典）厚生労働省「福祉行政報告例」をもとに作成。

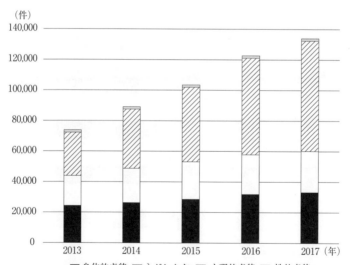

■身体的虐待　□ネグレクト　▨心理的虐待　▨性的虐待

**図12－2　児童相談所における児童虐待相談の対応件数：虐待の
種類別**

（出典）厚生労働省「福祉行政報告例」をもとに作成。

での5年間についてみると，心理的虐待が著しく増加しているのがわかる。その要因としては，面前DVについて警察から児童相談所への通告が増加したためと言える。本書第10章でみたとおり，警察におけるDV対応件数も年々増加しており，それが反映された結果である。こうして，2017年度では心理的虐待が相談対応件数の半数を超え，約54％を占め，身体的虐待が約25％，ネグレクトが約20％，性的虐待が約1％という状況である。

　また，［図12-3］で主な虐待者についてみると，実母の割合が最も高いものの，その割合は低下傾向にあり，実父の割合が上昇している。「実母」と「実母以外の母親」を母親，「実父」と「実父以外の父親」を父親としてみると，2017年では母親と父親がほぼ拮抗している。

　これらの児童相談所における児童虐待相談の対応件数は，あくまで顕

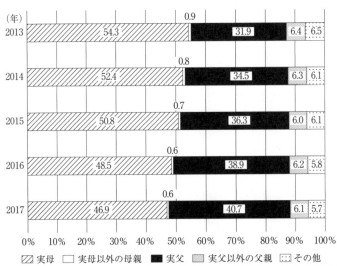

図12-3　児童相談所における児童虐待相談の対応件数：主な虐待者の構成割合

（出典）厚生労働省「福祉行政報告例」をもとに作成。

在化した件数にすぎず，発見されていない虐待が存在することは想像に難くない。他方，児童相談所が児童虐待として対応したものの，実際には虐待ではないケースも含まれている可能性もある。このように，児童相談所の対応件数は実際の児童虐待の発生数を示すものではない，という点には注意が必要である。

（2）　児童虐待事件の検挙件数

児童虐待に関する統計として，警察による検挙件数がある。［図12-4］は，児童虐待に関して検挙された件数の推移である。これをみると，検挙件数は増加しており，特に2014年以降は警察が積極的に事件化してい

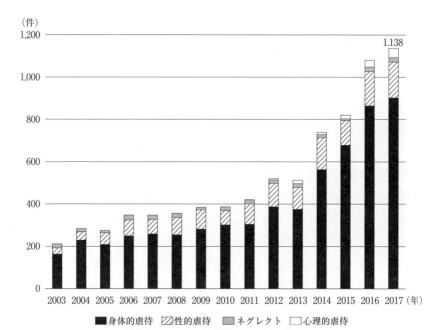

図12-4　児童虐待事件の検挙件数

（出典）警察庁「平成29年中における少年の補導及び保護の概況」をもとに作成。

るのがわかる。2017年には警察庁が1999年に統計を取りはじめて以後，過去最多の1,138件に達している。しかし，これは，同年の児童相談所における児童虐待対応件数のわずか0.9％であり，児童相談所が受ける通告や相談は，そのほとんどは検挙される事案ではなく，軽微なものが多いとみられる。ただし，児童虐待は家庭という密室で起こることから，犯罪行為の事実認定には限界があり，また，親を検挙することによる子どもへの影響などから，犯罪行為があっても検挙に至らないことも少なくない。よって，検挙統計に現れる件数のみが深刻な虐待というわけではない。

　2017年の検挙数について虐待の種類別にみると（図12-4），最も多いのは身体的虐待で，これが全体の約80％を占め，次いで性的虐待が約15％となっている。また，加害者については，［図12-5］のとおり，実母は4分の1程度で，実父が4割と最も多く，実父と養父・継父と内縁（男）を合計すると約70％になる。このように，児童相談所の児童虐待対応件数とは傾向が異なっており，検挙に至るのは主に身体的虐待や性的虐待で，その多くは父親によるものであることがわかる。

　さらに，警察庁の統計で検挙された事件における死亡児童数をみると，全体としては減少傾向にあり，2016年は67人（うち無理心中26人，出産直後11人），2017年は58人（うち無理心中13人，出産直後5人）である[2]。ただし，これはあくまで検挙された事件についての死亡児童数である。社会保障審議会の児童部会は，2004年10月に専門委員会を設置し，毎年，児童虐待による死亡事例の検討を行っているが，同委員会の報告書によると，2016年度の死亡児童数は77人（うち心中28人）である[3]。この人

2）　警察庁「平成29年における少年事件，児童虐待及び子供の性被害の状況（改訂版）」（2018年3月）による。
3）　社会保障審議会児童部会児童虐待等要保護事例の検証に関する専門委員会，「子ども虐待による死亡事例等の検証結果等について（第14次報告）」（2018年8月）。なお，これは当該年度（4月から翌年3月末まで）の人数であり，警察庁の統計は当該年（1月から12月まで）の人数である。

数は，厚生労働省が都道府県，指定都市及び児童相談所設置市に対して
行った調査によるもので，検挙事件の死亡児童数より多くなっているが，
さらにこのほかにも，自治体が把握していない死亡事例が存在する可能
性もある。

　このように，児童相談所の虐待対応件数と検挙件数は公表されている
が，政府は実際に「発生」している児童虐待の調査は行っていない。児
童虐待については痛ましい事件の報道が相次ぎ，社会的関心も高く，対
策も進められているが，問題解決のためには，まずは実態把握が不可欠
である。児童虐待の「発生」の公的統計を整備し，「発生」と「発見」
の両面から，虐待の全容を把握することが必要である（竹沢 2010：
356）。

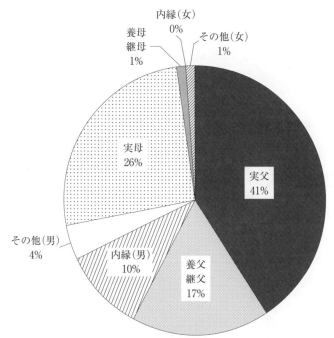

図12-5　児童虐待事件の検挙件数：加害者の構成割合（2017年）

（出典）警察庁「平成29年中における少年の補導及び保護の概況」をもとに作成。

（3）　背景と要因

　児童虐待はなぜ起こるのかについては，子ども期に虐待を受けたトラウマによる世代間連鎖や，個人の人格や道徳の問題として論じられやすいが，実際には，家族が直面する社会的な困難が強く影響している。児童相談所において虐待相談として受理されたケースの分析結果によると，その家庭の多くは生活基盤が脆弱であり，虐待問題が貧困を背景にしていることが明らかとなっている。そして，経済的困窮だけではなく，社会的孤立，子どもの障害，親の疾病や障害，DV 被害等が重なり合い，複合的な不利が形成されるなかで，子育てに困難が生じ，虐待に至っているという（松本編 2013：23-35）。

　このように，児童虐待は，様々な不利を背負っている子育て家族の中で生じている問題である，という視点は重要である。貧困・低所得世帯への経済的支援，障害児者への生活支援，DV 被害者支援，子育て支援などの施策が十分に機能していれば，それぞれの困難は軽減されていたはずである。もちろん，子を保護する責務を負う親が，親子の力関係の不均衡を利用し，その圧倒的な権力と支配力によって，子に暴力を振るうことは許されることではない。しかし，問題の根底をなしている，困難な状況にある子育て家族の不利の増幅を止めることは，社会の責任と言える。

3.　児童虐待に対する政策展開

　児童虐待の問題に日本社会はどのように対応してきたのだろうか。戦前，1933年に児童虐待防止法が制定されているが，これは，戦後，児童福祉法が制定された際に廃止され，旧児童虐待防止法の禁止事項は，児童福祉法第34条１項に吸収されている（大村 2012：47）。同条項をみると，子どもに「こじき」や「かるわざ又は曲芸」などをさせる行為を禁

止することが規定されており，当時の問題状況が今日とは異なるもので
あることがわかる。

　その後，児童虐待に対する社会的関心が高まったのは，1973年である。
1972年後半から，母親による「子捨て，子殺し」がマスコミで大きく報
じられ，厚生省（当時）は1973年に「児童の虐待，遺棄，殺害事件に関
する調査」を実施している。それによると，児童相談所が受理した，あ
るいはその管内で発生した3歳未満の虐待，遺棄，殺害事例は401件で，
その内訳は，「虐待」24件，「遺棄」126件，「殺害遺棄」135件，「殺害」
51件，「心中」65件である[4]。ここでの「虐待」は，「暴行等身体的危害
あるいは長時間の絶食，拘禁等，生命に危険をおよぼすような行為がな
されたと判断されたもの」という限定的なものだが，遺棄，殺害遺棄の
件数に比べ，虐待件数はあまりに少ない。当時は児童相談所においてす
ら，親から子への暴力が十分に認識されていなかったものとみられる。

　また，厚生省は愛育研究所に緊急研究課題として「母親の児童虐待に
関する研究」を委嘱し，同研究所によって，全国635か所の家庭児童相
談室に対して質問紙調査が実施されている。家庭児童相談室とは，福祉
事務所に設置された相談所である。この調査結果によると，回答のあっ
た391か所の家庭児童相談室のうち，過去1年間に虐待ケースを扱って
いないと答えているところが，270か所と7割を占めている（高橋・
中　1973）。

　このように，1973年は「子捨て，子殺し」が社会的注目を浴び，政府
は児童虐待に関する調査を行っているが，児童相談所を含めて虐待に対
する認識は十分とは言えず，結局，厚生省の調査は一過性のものに終わ
っている。以後，1990年まで児童虐待に関する政府の動きに特筆すべき
ものはなく，児童福祉法のもと，児童相談所による要養護児童対策とし
ての扱いにとどまっていたと言える。

4）　同調査結果については，一番ヶ瀬康子編『日本婦人問題資料集成　第6巻
　　保健・福祉』（ドメス出版，1978年，228-236頁.）に収められている。

状況を変える一つの契機となったのは，1989年，全国児童相談所長会が児童虐待の調査結果を公表したことである。この調査により，1988年4月から9月まで半年間に全国の児童相談所が把握した虐待が1,039件にのぼることが明らかとなり，大きな反響を呼んだ[5]。そして翌1990年から，厚生省は児童相談所における虐待を主訴とする相談処理件数（現在の虐待対応件数）の統計を取り始めている。前述の［図12-1］は1990年からのデータが記載されているが，それ以前は児童虐待の相談件数の統計すら取られていなかったのである。

　この頃，民間団体が虐待防止の活動に大きく動き出している。具体的には，1990年，大阪に「児童虐待防止協会」，1991年には東京に「子どもの虐待防止センター」が設立され，電話相談などが実施されている。このように，1990年になり，ようやく虐待問題が社会的に認識されるようになるが，政府の対応は鈍く，虐待問題への積極的な取り組みは民間団体が中心であったと言える。

　その後，児童相談所への虐待相談は年々増加し，政府も児童虐待対策に明示的に動きだすようになる。1997年，厚生省は都道府県等に対し，児童福祉法を積極的に運用して，児童虐待問題に対応するよう通知を出している[6]。このように，政府も児童虐待問題を政策課題として取り上げ，対応を強化するが，当時のそれはあくまで既存の児童福祉法の枠内でのものである。

　さらに虐待相談件数は増加の一途をたどり，児童虐待事件の報道も続いたことから，国会でも児童虐待が問題となり，1999年，衆議院の青少年問題に関する特別委員会で「児童虐待の防止に関する決議」がなされている。その後，議員立法として児童虐待防止法案が国会に上程され，2000年5月に成立している（同年11月施行）。児童虐待防止法には，児童虐待の定義が定められ，虐待防止に対する国や地方自治体の責務など

5）『朝日新聞』1989年6月10日（朝刊）による。
6）厚生省児童家庭局「児童虐待等に関する児童福祉法の適切な運用について」（平成9年6月20日）。

が規定されている。

　これ以後，児童虐待対策は児童虐待防止法と児童福祉法の両方に基づいて展開されるが，いずれの法律も複数回にわたり改正が重ねられ，児童虐待の定義が拡充されたり，対策が強化されたりしている。しかし，問題の急速な顕在化に対し，体制整備が追いついていないのが現実である。

4．早期発見のための制度

　児童虐待は未然に防ぐことが望ましいが，完全に予防することは現実的には難しい。したがって，虐待対策としては，できる限り早期に発見し，早期に対応することで被害を最小限に留めることが重要となる[7]。

　早期発見を目的としたものとして，「通告」制度が挙げられる。児童虐待防止法では，虐待を受けている，あるいは，そのおそれのある児童を発見した者は，福祉事務所や児童相談所等に通告しなければならない，と定められている。ようするに，虐待の確信が持てない場合も含め，できるだけ広く通告を求め，早期発見につなげようとするものである。2015年7月からは，通告が簡易にできるよう，児童相談所全国共通ダイヤル「189」（いち・はや・く）が運用されている。そして，虐待通告受理後，原則48時間以内に児童相談所や関係機関によって，子どもの安全確認を行うことがルールとなっている。

　通告義務は，すべての国民に課せられているが，それだけでは限界がある。そこで特に，学校や児童福祉施設等の教職員，医師，保健師，弁護士等は，職務上，虐待を発見しやすいとして，早期発見の努力義務が課されている。その場合，通告義務が職務上の守秘義務に優先することも定められている。

　また，医療機関や学校等には，「特定妊婦」や「要支援児童」を発見

7）　以下で取り上げる諸制度については，厚生労働省「児童虐待防止対策」ホームページによる。

した場合，その情報を市町村に情報提供することも努力義務として課されている。これは，2016年の児童福祉法改正で導入されたもので，虐待の発生予防を目的としたものであるが，早期発見にもつながっていく。特定妊婦とは，出産後の子どもの養育について出産前において支援を行うことが特に必要と認められる妊婦，また，要支援児童とは，保護者への養育支援が特に必要と認められる児童，と定められているが，その判断基準は明らかではない。

　厚生労働省からは目安となる様子や状況が示されているが，それをみると具体的な項目は多岐にわたっている[8]。たとえば，特定妊婦の目安となる項目は，若年での妊娠，望まない妊娠，妊婦健診の未受診，妊婦の被虐待歴や精神科受診歴，DVの有無や経済的不安など，妊娠・出産の準備状況から妊婦自身の状態，さらに家庭状況にまで及んでいる。

　特定妊婦や要支援児童の情報提供は，妊婦本人や児童の保護者の同意を得なくても行うことができ，虐待の通告と同様，職務上の守秘義務違反にはならない。この制度は，早期に支援につなぐことで虐待の発生を予防することが目的だが，社会的困難を抱える妊婦や家族を，虐待ハイリスクとして特定することでもあり，スティグマや差別をもたらす危険もはらんでいる。

　同じく，虐待の発生予防を目的としつつ，早期発見に関わる対策として，「乳児家庭全戸訪問事業」がある。これは，「こんにちは赤ちゃん事業」とも呼ばれている。具体的には，保健師などが生後4か月までの乳児のいるすべての家庭を訪問し，子育て相談や支援情報の提供を行いながら，母子の心身の状況や養育環境を把握するものである。この事業は2008年の児童福祉法改正で法定化され，市町村には実施の努力義務が課されており，すでに全国のほぼすべての市町村で実施されている[9]。

---

[8]　厚生労働省子ども家庭局家庭福祉課長・母子保健課長「「要支援児童等（特定妊婦を含む）の情報提供に係る保健・医療・福祉・教育等の連携の一層の推進について」の一部改正について」（平成30年7月20日）の別表に，目安として，特定妊婦および要支援児童の様子や状況例がチェックリスト形式で記されている。

　この事業の狙いは，出産後の母親の孤立化を防ぐことであり，それには，子どもが生まれたすべての家庭を対象に，アウトリーチの手法を用いることは有効である。他方，この事業には虐待の早期発見も期待されており，訪問担当者は虐待リスクの視点から母親や家の中を入念にチェックする。ようするに，訪問支援であると同時に，訪問調査でもあり，虐待のリスクアセスメントが行われる，ということである。そうすると，担当者の専門性が十分でなければ，母親の軽微な育児不安や悩みが虐待リスクとみなされ，その後も引き続き，母親が虐待を疑われる事態にならないとも限らない[10]。

　また，早期発見・早期対応のためには，関係機関で情報を共有し，連携して支援にあたることも重要である。そのため，市町村には「要保護児童対策地域協議会」が設置されている。これは，「子どもを守る地域ネットワーク」とも呼ばれているもので，児童相談所，教育委員会，警察，小中学校，保育所，民生児童委員協議会などから構成され，虐待相談として対応した児童，支援を要する児童，特定妊婦などに関して，情報交換や支援内容の協議が行われる。この協議会については，2004年の児童福祉法改正で法定化され，さらに2007年の同法改正で市町村に設置の努力義務が課されたことから，すでにほぼすべての市町村で設置済みである[11]。しかし，運営上の課題もあり，2017年の調査では，全国の協議会の半数以上が，「調整機関の業務量に対して職員数が不足している」

---

9)　厚生労働省「市町村（虐待対応担当窓口等）の状況調査（平成29年度調査)」（「乳児家庭全戸訪問事業の実施状況調査」）によると，2017年度の実施率は97.7％である。なお，同様の効果のある別事業等を実施している場合を含めると，99.6％である。
10)　上野加代子は児童虐待のリスクアセスメントの問題点を論じており，リスク要因抽出の客観性やリスクの予想性における問題のほか，リスクアセスメントが特定の家族像や母親像に基づいており，リスク要因を母親個人の責任に転嫁している点などを指摘している（上野・野村 2003, 上野 2016)．また，虐待と判定された親のインタビューでは，子育ての悩みを相談したことがリスク判定に影響した経験が語られている（上野 2017)．

「調整機関に専門資格を有する職員が十分に配置できない」「会議運営の
ノウハウが十分でない」と回答している[12]。

　そのほか，情報共有という点では，児童相談所と警察との間での連携
が強化されており，虐待による外傷，ネグレクト，性的虐待があると考
えられるケースや，通告受理後，48時間以内に子どもの安全確認ができ
ないケースなどの情報共有の徹底が図られている。さらに，自治体のな
かには，児童相談所が把握した虐待案件のすべての情報を，警察と共有
しているところもある[13]。こうした「全件共有」については，共有情報
の活用により，死亡事例の防止につながるという見方がある一方，警察
に事件化される不安から，保護者が児童相談所に不安や悩みを相談する
のを躊躇し，かえって孤立化が進行する，との見方もある。

5. 子どもの保護と家族の監視化

　以上見てきたとおり，政府が児童虐待問題を明示的に政策課題に設定
したのは，1990年代後半に入ってからであり，虐待対策の実質的な展開
は，児童虐待防止法が制定された2000年以降である。その後，児童相談
所の虐待対応件数は急増し，衝撃的な死亡事件も相次いだことから，社
会の関心はますます高まり，対策を強化する方向で法改正を重ねてい
る。

　対策のなかでは，早期発見が重要であり，そのため，通告制度，特定
妊婦・要支援児童の情報提供，乳児家庭全戸訪問事業（こんにちは赤ち
ゃん事業），要保護児童対策地域協議会（子どもを守る地域ネットワー

11)　厚生労働省「市町村（虐待対応担当窓口等）の状況調査（平成29年度調査）」
　　（「養保護児童対策地域協議会の設置運営状況調査結果」）によると，2017年度の
　　設置率は99.7％である。
12)　注11）と同じ調査による。
13)　『産経新聞』2018年8月31日（朝刊）によると，児童相談所に寄せられる児童
　　虐待事案について，すべての情報を警察と共有する自治体（政令市など除く）は
　　8府県にのぼり，他に11道県が情報の「全件共有」に前向きか検討中であるとい
　　う。

ク），児童相談所と警察の情報共有，などの制度が整備され，活用されている。

　たしかに，早期発見の仕組みは必要である。児童虐待は家庭という密室において，親子の非対称な関係のなかで起こるものであり，通常では，家庭の外から虐待行為を見ることもできなければ，子どもが自ら被害を訴えでることも難しい。よって，周囲の大人や関係機関が注意を払って，虐待を見つけださなくては，子どもは守れない。ただし，そのことには危うさも潜んでいる。

　虐待対策は，虐待をより効率的に発見するために，子どもが生まれる前や，子どものいるすべての家庭へと射程を広げ，虐待リスクの診断に向かっている。そうなると，虐待が生じる前から，問題を起こしていない親にも虐待リスクの疑いがかけられ，虐待行為とは直接関係のない家族構成やライフスタイルまでもが虐待リスクと関連づけて把握されることになる。こうして，妊婦や親は監視の対象となり，その行為が評価される。早期発見は虐待対策として重要ではあるが，家族の監視化に向かう危うさも併せ持っている。そのような視点から，虐待対策については注視していく必要がある。

　こうしてみてみると，虐待の早期発見の施策には課題も多い。先に述べたとおり，児童相談所が児童虐待で関わる家族の多くは，貧困，障害，DV被害，社会的孤立などの困難を抱えている。まずは，虐待予防の観点から，子育て支援はもとより，貧困・低所得世帯への支援，障害児者への支援，DV被害者への支援など，虐待の背景にある問題への対策を拡充する必要がある。

　もちろん，虐待の予防には限界があり，やはり早期発見・早期対応は重要である。ただし，それが特定のライフスタイルへの差別や家族の監視という問題を孕んでいることもすでに述べたとおりである。こうした

220

問題は，最低限の人員で，専門性を要しないマニュアル化された方法によって虐待に対処しようとする体制で生じやすい。なぜなら，そのような体制では，家族の多様性への配慮や個別的で柔軟な対応がなされないからである。

　差別や監視をもたらすことなく，家族に潜む虐待リスクを的確に判断し対処するには，問題対応の現場に児童虐待の知識と経験を備えた専門家を十分に配備することが不可欠である。財源を投入して，虐待対応の専門家の養成と現場配備を進めていかなくては，虐待の深刻化を防ぐことはできない。

参考文献

・厚生労働省「児童虐待防止対策」
（2019年 1 月 9 日取得，https://www.mhlw.go.jp/stf/seisakunitsuite/bunya/kodomo/kodomo_kosodate/dv/index.html）.
・松本伊智朗編（2013）『子ども虐待と家族――「重なり合う不利」と社会的支援』明石書店.
・大村敦志（2012）『法学入門――「児童虐待と法」から「こども法」へ』羽鳥書店.
・高橋種昭・中一郎（1973）「母親の育児態度の歪みに関する研究――児童虐待に関する研究」『日本総合愛育研究所紀要』 9 ：173-185.
・竹沢純子（2010）「児童虐待の現状と子どものいる世帯を取り巻く社会経済的状況――公的統計及び先行研究に基づく考察」『季刊社会保障研究』45（4）：346-360.
・上野加代子・野村知二（2003）『〈児童虐待〉の構築――捕獲される家族』世界思想社.
・上野加代子（2016）「「児童福祉から児童保護へ」の陥穽――ネオリベラルなリスク社会と児童虐待問題」『犯罪社会学研究』41：62-78.
・上野加代子（2017）「児童虐待防止対策の課題――子どもが一時保護になった親の経験から」『社会保障研究』 2 （2・3）：263-278.

13 | 児童虐待と親権制限

下夷美幸

《目標＆ポイント》 本章では，親から虐待されている子どもが安全な家族生活を回復するために必要な支援という観点から，親権制限の制度について理解することを目標とする。親権とは何か，親権を制限するためにどのような制度があるのか，それは実際に利用されているのか，制度の実効性を高めるためにどのような課題があるのか，について考えていく。

《キーワード》 親権，子どもの権利条約，児童相談所，家庭裁判所，公権力による家族介入

1. 親権の性質

　本来，子どもを守り育てる場である家庭のなかで，保護者である親が子を虐待し，子が危険にさらされている場合，公権力によって子を保護し，その安全を確保しなくてはならない。しかし，その際に問題となるのが「親権」である。子を虐待している親のなかには，親権者であることを主張し，「しつけ」と称して，その行為を虐待と認めない親もいる。子どもを虐待から守る制度の歴史は，親権との闘いであったと言っても過言ではない，との指摘もある（榊原・池田 2017：144）

　親権とは，未成年の子どもを育てるために親が持つ権利と義務のことで，民法には「親権を行う者は，子の監護及び教育をする権利を有し，義務を負う。」と規定されている。そのほか，親権には子の財産を管理すること（財産管理権）も含まれる。また，親権者には，子を監護，教

育するために，子を懲戒すること（懲戒権）も認められている（2019年
5月現在）。ただし，2011年の民法改正で，親権は「子の利益」のため
に行使することが明記されており，子の利益に反する懲戒は明らかな親
権濫用であり，虐待とみなされる。

　一方，国連の「子どもの権利条約」では，子どもには，「父母によっ
て養育される権利」があると定められている（第7条）。これは，親に
養育される子どもの権利，ということであり，権利の主体はあくまで子
どもである。同条約では，親に関しては権利ではなく，養育責任が規定
されており，父母には「子の養育及び発達についての第一義的な責任」
があるとされている。そしてそれは，「子どもの最善の利益」に向けた
ものとして規定されている（第18条）。

　同条約のそのような基本理念は，児童福祉法にも取り入れられており，
2016年の法改正で，「すべて児童は，児童の権利に関する条約の精神に
のっとり（中略）その心身の健やかな成長及び発達（中略）を等しく保
障される権利を有する」と明記され，児童の心身の健やかな育成につい
ては，保護者が「第一義的責任を負う」と規定されている。

　こうしてみると，親権は親の権利であるよりも，むしろ，子に対する
義務の性格を強く持っていると言える。日本では親の権利とみなす風潮
が根強いが，虐待から子どもを保護するには，親権の濫用に厳しく対処
する社会的態度とその制度整備が不可欠である。親権を制限する制度は，
親から虐待されている子どもが安全な家族生活を回復するための支援と
して，まずもって重要なものである。

　従来から児童福祉法には事実上，親権を制限する措置の規定があり，
民法には親権を失わせる規定もある。いずれの規定も児童虐待対策が進
められるなか，2004年以降の児童福祉法および児童虐待防止法の数次に
わたる改正や，2011年の民法改正により強化されている[1]。

1）　次節以降で取り上げる，親権制限に関わる各種制度については，厚生労働省
「児童虐待防止対策」のホームページのほか，日本弁護士連合会子どもの権利委
員会（2017）による。

2．親権制限制度の概要

（1）　一時保護

　2017年度に児童相談所が対応した児童虐待の案件は13万件を超えるが，その約9割は「面接指導」による対処となっており[2]，虐待相談等の多くは深刻なレベルではないとみられる。しかし，子どもの生命や身体の安全を確保する必要があるケースでは，児童相談所長は子どもを親から引き離し，「一時保護」を行うことができる。また，子どもの生命や身体に差し迫った危険がみられない場合でも，子どもの心身の状況や虐待の実態を把握する必要があれば，一時保護が認められる。

　一時保護された子どもは，児童相談所に併設されている一時保護所，または，児童福祉施設や子どもシェルターなどの一時保護委託先で生活することになる。子どもシェルターとは，虐待等で居場所を失った子どもの緊急避難先として，運営されている民間施設である。この施設は既存の制度では適切な保護が受けられない子どものために，主に弁護士が中心となって開設しているもので，一時保護についても，既存の一時保護所や施設では受入れが困難とされる子どもの委託先として機能している。ただし，子どもシェルターは都道府県ごとに必ず1つあるという施設ではなく，2017年9月現在，開設されているのは全国で15か所である（日本弁護士連合会子どもの権利委員会 2018：101）。

　一時保護は急を要することであり，親の同意がなくても，児童相談所長の判断で行うことができる。また，一時保護を行うにあたり，親が抵抗し，これを妨害することが予想される場合には，児童相談所は事前に警察に協力を求め，子どもの保護を遂行する。

　文字どおり，一時保護は緊急時の一時的な措置であり，その期間が2か月を超えることはできない。ただし実際には，長期化するケースもあ

2）　厚生労働省「福祉行政報告例」（2017年度）による。

るため，2017年の児童福祉法改正により，一時保護が2か月を超え，かつ，保護者の意思に反して保護を継続する場合には，家庭裁判所の承認を得ることとなっている。

一時保護の期間中，児童相談所長は親に対して，子との面会や通信を制限することができ，さらに，都道府県知事は6か月を超えない期間を決めて，子への「接近禁止命令」を出すこともできる[3]。接近禁止命令とは，子へのつきまといや，子の居所や学校への徘徊等を禁止するもので，従来，親権者の意に反して施設入所の措置がとられた場合（後述）にのみ認められていたが，2017年の児童虐待防止法改正で適用対象が広がり，親権者の同意を得た施設入所の場合のほか，一時保護の場合にも出せることになっている。なお，DVの場合の接近禁止命令は裁判所によって発令されるが（本書第11章参照），児童虐待対策としての接近禁止命令は司法の関与なく，発令される仕組みとなっている。

このように，一時保護は司法機関の審査を経ずに，行政の判断だけで，事実上，親の親権を強く制限する措置である。そのため，一時保護を行うことについては，家庭裁判所による審査を導入すべきか否かが論点となる。子どもの権利条約においては，子どもは「父母から分離されない」としたうえで，「ただし，権限のある当局が司法の審査に従うことを条件として適用のある法律及び手続に従いその分離が児童の最善の利益のために必要であると決定する場合は，この限りでない。」と定められており（第9条），同条約は親子分離に関して，何らかの司法審査を求めているものと解される。

他方で，司法審査が必要になると，緊急時の対応に支障が生じるのではないか，また，児童相談所が一時保護を躊躇することになるのではないか，との懸念もある。たしかに，すべての一時保護に司法の事前審査を課すとなれば，子どもの保護に支障をきたす可能性がある。また，事

3） 面会・通信の全部が制限されており，特に必要があると認めるときに，命令を出すことができる。

後審査で対処するとしても，迅速な審査手続きが必要であり，そのためには，児童相談所と家庭裁判所の双方の体制整備が大きな課題となる。こうした問題があることから，2017年の法改正では司法関与の導入は，一時保護の延長に対してのみにとどまったものと言える。

（2）　施設入所等による親子分離

　一時保護はあくまで緊急対応であり，一時保護の後も子を親から引き離しておく必要がある場合には，施設入所や里親への委託の措置がとられる（以下，施設入所等の措置）。親の同意を得ることが原則であるが，親が反対している場合には家庭裁判所の承認を得て，施設入所等の措置をとることができる。このことは，児童福祉法28条に規定されていることから，家庭裁判所への承認の申立は，児童福祉法28条事件と呼ばれている。

　家庭裁判所の承認を経て，施設入所等の措置がとられても，親権者が親権を有することに変わりはなく，親権を盾に，子どもを取り戻そうとする親もいる。その場合，児童相談所長又は施設長は，子との面会・通信を制限することができ，さらに，児童相談所長は接近禁止命令（期間は6か月以内）を出すこともできる。

　家庭裁判所の承認を得て，施設入所等の措置がとられた場合，子どもは児童養護施設等に入所するが，従来，施設入所の期間に制限は設けられていなかった。そのため，いったん家庭裁判所の承認が得られれば，子が18歳に達するまで，入所措置が継続されるケースも生じていた。そこで，2004年の法改正により，2年を超えて措置を継続する場合には，再度，家庭裁判所に承認を得る手続きが必要となっている。

　これは，子を施設に入所させている間に，児童相談所が親を指導し，養育環境の改善を図り，子どもが家庭に戻れるようにするのが狙いである。しかし，親が児童相談所の指導に応じないケースもあることから，

家庭裁判所は施設入所等の承認の審判を行う場合，保護者に対して指導措置をとるべきことを，都道府県に勧告できるようになっている。これは，都道府県への勧告であって，家庭裁判所が直接，保護者に勧告するわけではないが，裁判所からの勧告を根拠に，児童相談所が親に指導を受けるよう促すことが期待されている。しかし，実務ではこの制度は効果を持たないとして，活用されていないという（津崎　2017：20）。2017年の法改正により，家庭裁判所は勧告を行った場合，そのことを保護者にも通知することになっているが，その効果は未知数である。

（3）　民法の親権制限

　上記のように，児童福祉の法制度を用いて，事実上，親権を制限することもできるが，民法には親の親権を直接的に制限する制度がある。2011年の民法改正後，親権制限の制度には，無期限に親権を失わせる「親権喪失」，期間を定めて親権を停止させる「親権停止」，親権のうち財産管理権だけを失わせる「管理権喪失」の３つがある。ここでは，親権喪失と親権停止についてみてみたい。

①　親権喪失

　親権喪失は，家庭裁判所の審判により，親権を無期限に全面的に失わせるもので，最も強い親権制限の制度である。従来，家庭裁判所に親権喪失の申立ができるのは，子どもの親族，検察官，児童相談所長に限られていたが，2011年の民法改正により，これに加えて，子ども本人，未成年後見人および未成年監督人も申立ができることになっている[4]。子どもが親の親権喪失を申立てることは負担が大きいとも言えるが，子ども本人に申立権を認めることは，子どもの権利条約に規定されている「子どもの意見表明権」（第12条）を保障するものとして評価される。ただし，子が申立の権利を行使するための支援体制が整わなければ，実質

---

[4]　児童相談所長は児童福祉法の規定により申立ができる。なお，未成年後見人とは，親権を行う者がいないとき，又は親権を行う者が管理権を有しないとき，家庭裁判所が未成年者のために選任する後見人であり，未成年後見監督人とは，未成年後見人の事務を監督する人である。

的に権利を保障しているとは言いがたい。

　親権喪失の要件については，法改正前は「親権を濫用し，または著しく不行跡であるとき」と規定されるのみで，子の利益が著しく害されている，という点は明示されていなかった。そこで改正後の民法では，親による「虐待又は悪意の遺棄」があるとき，親権の行使が「著しく困難又は不適当」であるために，「子の利益を著しく害する」とき，と要件が明示されている。ここでの「悪意の遺棄」とは，ネグレクトなどの養育放棄のことを指す。

　なお，家庭裁判所の審判で親権の喪失が確定すると，親は親権を失うが，消滅するのは親権だけであり，法的親子関係は続くことから，親子間の扶養や相続などの法律関係には影響しない。ただし，子の戸籍には，親権喪失の旨が記載される。

②　親権停止

　子どもを保護するために親権の制限が必要な場合，児童相談所長には親権喪失を申立てる権限があるが，親権を無期限に奪うことの重大さから，親権喪失はほとんど利用されていなかった。また，医療ネグレクト（本書第12章参照）のように，一定期間の親権行使を制限すれば目的を達するようなケースには，親権喪失は不向きであった。

　そこで，2011年の民法改正で導入されたのが，親権停止である。これは予め期間を定めて，一時的に親の親権を行使できなくする制度で，児童虐待のケースでの活用が期待されている。親権の停止期間は最長2年間で，家庭裁判所が「親権停止の原因が消滅するまでに要すると見込まれる期間，子の心身の状態及び生活の状況その他一切の事情」を考慮して，2年以内で決定することになっている。

　親権停止の要件としては，親による親権の行使が「困難又は不適当」であることにより，「子の利益を害する」とき，と定められており，親

権喪失とは異なり，「著しく」の文言は含まれていない。つまり，親権停止は親権喪失の場合より軽微なケースを対象に，親権を停止している間に親や家庭環境の改善を図り，親子の再統合を果たそうとする制度である。

親権停止の申立人は親権喪失と同様であり，また，親権停止の場合もその旨は戸籍に記載される。なお，親権停止期間の更新や延長は規定されていないが，再度，親権停止を申立てることはできる。

3. 親権制限の実態

（1） 福祉行政の統計から見た実態

実際，親権の制限はどれくらい行われているのだろうか。まず，福祉行政の統計から，児童相談所による親権制限の実態を捉えてみたい。

［図13-1］は児童相談所における一時保護の件数（委託一時保護を含む）について，児童虐待を理由とする保護と，児童虐待以外の理由に

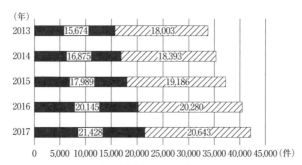

図13-1　児童相談所における一時保護の件数

（注）児童相談所における所内一時保護児童の受付件数と，児童相談所における委託一時保護児童の委託件数の合計。
（出典）厚生労働省「福祉行政報告例」をもとに作成。

よる保護に分けて示したものである[5]。これをみると，児童虐待を理由
とする一時保護は年々増加しており，2017年度は約21,428件となってい
る[6]。児童虐待を理由とするものが一時保護全体に占める割合も上昇傾
向にあり，2017年度は全体の50％を超えている。

　厚生労働省の統計によると，2017年度の児童虐待を理由とする一時保
護のうち，職権による保護は約8,000件で，児童虐待を理由とする一時
保護の4割弱となっている[7]。このすべてにおいて，親が一時保護に反
対しているのかどうか明らかではないが，児童虐待による一時保護が増
加するにつれ，児童相談所と親が対立するケースは増えていくものと予
想される。

　次に，［表13-1］で児童相談所による面会通信制限についてみると，
制限が行われた件数は年度によって大きく変化しており，傾向はつかめ
ない。さらに厚生労働省の統計で各都道府県別の件数をみると，特定の
都道府県の動きが各年度の件数に影響を与えているのがわかる。たとえ
ば，全国の児童相談所において，2017年度に面会制限と通信制限の両方
が行われた件数は84件となっているが，このうちの65件は福岡県による
ものである。また，同年度の面会制限のみは70件，通信制限のみは57件
となっているが，新潟県によるものがそれぞれ54件である[8]。こうして
みると，面会通信制限については，各都道府県や各児童相談所で運用が
相当異なるものと言える。

　同じく［表13-1］で接近禁止命令についてみると，2008年度から
2017年度までの10年間で合計8件しかなく，制度がほとんど利用されて
いないのがわかる。2017年の法改正で適用範囲が拡大されたが，これま

---

5)　児童虐待以外の理由としては，虐待以外の養護，障害，非行，保健・育成等
　　がある。
6)　児童相談所における所内一時保護の受付件数と，委託一時保護の委託件数の
　　合計。
7)　注2)の資料による。児童虐待を理由とする一時保護のうち，「職権による一
　　時保護」は，所内一時保護で5,196件，委託一時保護で2,902件，合計8,098件である。
8)　注2)の資料による。

表13-1 児童相談所による面会通信制限および接近禁止命令

年度	面会制限＋通信制限	面会制限のみ	通信制限のみ	接近禁止命令
2008	74	27	15	0
2009	28	27	23	0
2010	61	37	20	1
2011	43	38	25	2
2012	76	18	12	1
2013	45	30	16	1
2014	57	4	4	1
2015	27	7	6	1
2016	31	8	9	1
2017	84	70	57	0

（注）児童相談所における児童虐待防止法に関する対応件数。
　　　2010年度は，東日本大震災の影響により，福島県を除いて集計。
（出典）厚生労働省「福祉行政報告例」をもとに作成。

でこの制度が機能していないことは明らかである。

　こうしてみると，行政が司法の関与なく，親権を制限することの難しさがわかる。面会通信制限と接近禁止命令については，実効性のある制度になっているのか，まずは運用実態を検証し，そのうえで制度のあり方を根本的に検討する必要がある。

（2）　裁判所の統計から見た実態

　次に，裁判所の統計から，親権制限の状況についてみてみたい。［図13-2］は，児童福祉法28条事件，すなわち親の意に反する施設入所等の承認を求める事件の新受件数を示したものである。このうち，「28条1項事件」は施設入所等の承認を求めるもので，「28条2項事件」は2年を超える施設入所等の更新の承認を求めるものである。

　まず，28条1項事件についてみると，1990年代前半は年平均25件程度と少なく，児童相談所が司法の利用に積極的ではなかったことがわかる。

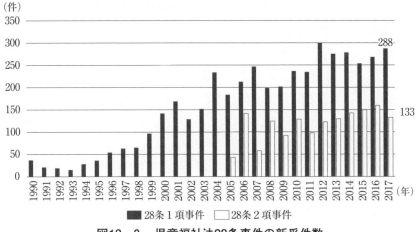

図13－2　児童福祉法28条事件の新受件数

（出典）最高裁判所事務総局家庭局「児童福祉法28条事件の動向と事件処理の実情」，
　　　　「親権制限事件及び児童福祉法28条事件の概況」をもとに作成。

　その後，児童虐待対策が進むとともに，件数は急増しているが，2012年
以降は250件から300件程度で横ばい状態である。また，28条2項事件に
ついては，制度導入からしばらくは2年毎に増減を繰り返しているが，
2015年以降は年間150件程度で推移している。
　2017年の新受件数について，裁判所の統計で全国50か所の家庭裁判所
別にみると，28条1項事件では，全国総数288件のうち，最も多いのは
大阪41件，次いで東京33件だが，3件以下の家庭裁判所が25か所と全体
の半数を占め，そのうち7か所は1件もない。28条2項事件では，全国
総数133件のうち，やはり多いのは大阪43件，東京14件の順だが，3件
以下の家庭裁判所が40か所で，そのうち1件もないのが22か所に及んで
いる[9]。こうしてみると，親権に抗して子を保護するための制度が，す
べての児童相談所で適切に利用されているのか，懸念される。

9）　最高裁判所事務総局家庭局「司法統計年報・家事編」（2017年）による。

　裁判所の実情調査によると，2017年の終局状況は，28条1項事件では認容が207件（終局したものの74.7%），取り下げが52件（18.8%），却下が16件（5.8%），その他2件（0.7%）である[10]。このように，親の意に反して，子を親から引き離して施設等に入所させる措置がとられたのは，1年間に約200件ということになるが，同年度の児童相談所における虐待対応件数が13万件を超えていたことからすると（本書第12章），司法を利用しての親子分離は非常に少ないと言える。なお，取り下げが約2割も占めているが，その多くは家庭裁判所の継続中に保護者の同意が得られたものとみられている。

　一方，28条2項事件では，ほぼ全て（98.0%）が認容されており，認容件数は145件で，残りは取り下げが3件である[11]。更新が認められた子どもたちは，2年以上にわたり，親が反対している状態で，施設や里親のもとで暮らすことになる。これらのケースでは，親権の停止や喪失は必要ないのだろうか。

　［図13-3］は，親権制限事件の新受件数を示したものである。まず，親権制限全体の推移をみると，2011年から2012年にかけて大幅に増加しているのがわかる。これは親権停止の導入の影響である。2011年までの親権制限はほとんどが親権喪失であるが，2012年以降，親権喪失は100件程度で横ばい状態である（2015年を除く）。それに対し，親権停止は制度導入後，大幅に増加しており，2017年は250件で，親権喪失の2倍以上となっている。

　裁判所の実情調査によると，2017年の終局状況は，親権喪失は118件で，その申立人の8割以上は子の親族であり，児童相談所長による申立は1割弱（10件）にとどまっている。終局結果は取り下げが半数強を占

---

10)　最高裁判所事務総局家庭局「親権制限事件及び児童福祉法28条事件の概況」（2017年1月－12月）による。実情調査は最高裁判所事務総局家庭局によるが，終局時の事件の種類に基づいて集計されており，申立時の事件に基づく司法統計とは一致しない場合がある。

11)　注10）の資料による。

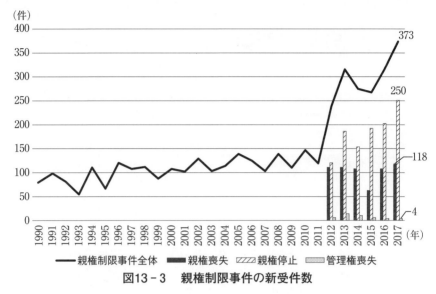

図13-3　親権制限事件の新受件数

（注）「親権制限事件全体」には，親権喪失，親権停止，管理権喪失及び各取消しを含む。
　　　ただし，親権停止が含まれるのは，2012年4月1日（親権停止を含む改正民法の施行
　　　日）以降である。
（出典）最高裁判所事務総局家庭局「司法統計年報・家事編」をもとに作成。

め，認容は28件にすぎない。なお，親権を喪失したのは，実母18人，実父7人，養父3人である。一方，親権停止は232件で，申立人の内訳は親権喪失とは異なり，子の親族は約6割程度で，児童相談所長が3割（74件）を占めている。終局結果は，親権喪失と同様，取り下げが半数強を占め，認容は72件で，親権が停止されたのは，実母49人，実父19人，養父4人である[12]。こうしてみると，児童相談所にとっては，親権喪失よりも親権停止のほうが利用しやすい制度であることがわかる。

　［図13-4］は，28条1項，親権停止，親権喪失の事件で認容となったものについて，認容原因（虐待の態様等）の構成割合を示したもので

12）　注10）の資料による。

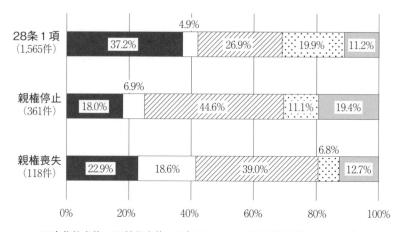

図13-4　親権制限事件等の認容原因（構成割合）：2013年-2017年の平均

(注)　割合は2013年から2017年までの平均。カッコ内の件数は同期間の認容要因の合計数。
　　　ただし，同一事件に複数の認容原因が存在する場合があり，認容原因の合計数と認容
　　　件数は一致しない。なお，「その他」には，親権者の所在不明が含まれる。
(出典)　最高裁判所事務総局家庭局「児童福祉法28条事件の動向と事件処理の実情」，
　　　「親権制限事件の動向と事件処理の実情」，「親権制限事件及び児童福祉法28
　　　条事件の概況」をもとに作成。

ある。単年度では事件数が少なく，傾向がつかめないため，ここでは
2013年から2017年までの5年間を合計し，平均を算出した数値を用いて
いる。これをみると，親権喪失と親権停止ではネグレクトが40%前後を
占めており，養育放棄が親権行使を認めない最大の理由となっているの
がわかる。それに対し，28条1項では身体的暴力が最も多く，ネグレク
トは3割弱にとどまっている。

　各事件を通してみると，心理的虐待と性的虐待が特徴的である。心理
的虐待は28条1項では約2割，親権停止では約1割，親権喪失では約7
%と，親権制限が強力になるにつれて割合が低下している。それに対し，

性的虐待では逆に，28条1項では約5％，親権停止では約7％，親権喪失では約2割と，親権制限が強力になるほど割合が高くなっている。親権喪失の理由として，性的虐待が一定割合を占めている点は注目されるが，各年の件数をみてみると，最も多い年でも8件，最も少ない年はわずか2件である。親権停止についても，状況は同様で，年に2件から8件しかない[13]。いずれも全国で年に数件という状況をみると，親権者による性的虐待のうち，法的に親権が制限されるケースはごく一部にすぎないと言える。社会はいまだ，親による性的虐待から子どもを救えていないのが現実である。

4. 児童虐待対策としての親権制限の課題

以上のとおり，児童虐待対策の進展とともに，親権制限制度も整備されてきたが，これらが虐待から子どもを守る制度として，十分に活用され，機能しているとは言いがたい。

親から子への虐待は，家庭という密室で，親が子に対する圧倒的な権力と支配力によって，子を痛めつける行為である。親が親権を盾に虐待を認めず，虐待行為を繰り返すならば，公権力によって親権を制限しなければ，子どもの生命と心身の安全は確保できない。

もちろん，家族は私的で自由な領域であり，人々の生を支える基盤としてかけがえのないものである。よって，家族の自律性は尊重されなければならない。しかし，私的で自由な領域であるがゆえに，家庭は容易に暴力の場となる危険性を有している。家族を構成するメンバーは，決して平等な力関係にあるのではなく，家族の中には強者と弱者が共存している。親と未成年の子の力関係は非対称であり，明らかに子どもは弱者である。児童虐待の場面では，公権力が家族に介入し，強制的に親子を分離させることも必要である。家族の自律性よりも子どもの人権が優

---

13)　注10) の資料，および最高裁判所事務総局家庭局「親権制限事件の動向と事件処理の実情」による。

先されるべきことは言うまでもない。

　ただし，公権力による家族介入は，私的領域への不当な介入となる危険もある。特に，行政のみの判断による家族介入には警戒が必要であり，本来的には介入には司法の関与が求められる。その点でいえば，児童相談所による事実上の親権制限にも司法審査が必要と言える。そのためには司法インフラの整備が欠かせないが，日本の司法インフラの不備は著しく，簡単に解消されるようなものではない（水野　2010：367）。

　むしろ，日本では行政による過剰介入よりも，子どもの人権を守るために必要な介入を怠っている国家の不作為のほうが，はるかに深刻であり，インフラ整備の必要性についても，司法よりも児童福祉行政の現場のほうが圧倒的に高い，と言う（水野　2010：370）。

　たしかに，統計で確認したとおり，児童相談所による司法制度の活用も十分でない現実からみれば，まずは，福祉現場における児童虐待の専門家の体制整備のほうが先決と言える。親の意に反して親子分離を行うべきケースか，親権を停止して親子の再統合を目指すべきケースか，親権喪失によって新たな親子関係の構築に向かうべきケースか，といった判断を的確に行う専門家が各児童相談所にいなければ，親権に抗して子どもを守ることも，家族を支援することもできない。

　家族が暴力の場と化している場合には，公権力による家族介入が必要であることは，すでに社会の共通認識となっている。実際，子どもが犠牲になる虐待事件が起こるたびに，児童相談所による家族への介入不足を非難する声が沸き起こる。しかし，適切な家族介入が行われるために必要なことは，現場のインフラ整備である。児童虐待に関する深い専門知識を有する人材育成にいっそうの公的資源を投入することが必要であり，そのことを社会がより深く認識し，求めていかなければ，児童虐待という深刻な家族問題を解決することはできない。子どもを守り育むべ

きはずの家族によって，傷つき，苦しんでいる子どもがいる。この事実を社会は直視すべきである。子どもは親に頼らなければ，食事も衣類も住まいも得られない，生命を維持することすらできない脆弱な存在である。恐怖と危険に晒され，絶望の淵に突き落とされていたとしても，子どもは家族から逃れることはできない。社会が加害者である親と対峙し，その支配から子どもを守ることは必須である。

　すべての子どもに，心身の成長と発達をもたらす家族生活を保障することは社会の責任である。親から虐待を受けている子どもが，本来与えられるべき家族生活を回復するための支援として，親権の濫用を許さない制度を整備することは，現代社会の最優先課題のひとつである。

参考文献

・厚生労働省「児童虐待防止対策」
　（2019年1月9日取得，https://www.mhlw.go.jp/stf/seisakunitsuite/bunya/kodomo/kodomo_kosodate/dv/index.html）.
・水野紀子（2010）「児童虐待への法的対応と親権制限のあり方」『季刊社会保障研究』45（4）：361-372.
・日本弁護士連合会子どもの権利委員会（2017）『子どもの虐待防止・法的実務マニュアル（第6版）』明石書店.
・榊原富士子・池田清貴（2017）『親権と子ども』岩波書店.
・津崎哲郎（2017）「児童虐待の現状と課題」『家庭の法と裁判』8：16-23.

14 | 家族介護と介護殺人

湯原悦子

《**目標＆ポイント**》 本章では，はじめに家族介護の実態について客観的デー
タから把握し，高齢者の介護が今，どのような問題に直面し，課題を抱えて
いるのかについて確認する。そのうえで，介護殺人がどのような状況で起き
ているのか，なぜ事件を回避することができなかったのかについて，介護負
担から殺人に至った事例をもとに考察する。

《**キーワード**》 高齢者，家族，介護，殺人，心中

1. 家族介護の実態

　高齢化の進展により，介護を必要とする人の数は増加傾向にある。
2019年7月末現在の要介護（要支援）認定者は664.9万人で，介護保険
制度が導入された2000年度末の256万人に比べ，約2.6倍となっている。
介護保険施設（介護老人福祉施設，介護老人保健施設，介護療養型医療
施設，介護医療院）のサービス受給者数は94.6万人であった。他に有料
老人ホーム等の利用者がいることを考慮したとしても，なお多くの要介
護者が居宅サービスを受けながら在宅で生活を送っていることが想定さ
れる（菊池 2018）。

　そして彼らの生活が成り立つ前提として，様々な形での家族介護者の
関わりや支援があり，要介護者に加え家族介護者をどのように支援して
いくのかも大きな課題となっている。

　現在，家族介護者と要介護者を取り巻く環境が大きく変わりつつある。

厚生労働省（2018：6-8）によれば，特徴的な事項として

① 高齢者のみの世帯，高齢者と未婚の子のみの世帯の増加

② 介護者の高齢化

③ 家族の介護や看護により，離職をする者の増加

④ 子育てと介護を同時に担うダブルケアや，様々な課題を抱える人の増加

などが確認できる。したがって，今後は家族介護者と要介護者のみに注目するのではなく，要介護者を含めた世帯全体に対して，どのような問題があるのかを捉えていく視点が重要になってくる。

2. 介護殺人の実態

　介護に関わる困難が背景にある高齢者の殺人や心中（以下，介護殺人とする）が後を絶たない。2000年には介護保険が導入され，支援が必要な高齢者に対するケアの充実が図られたが，介護殺人の件数が減少する傾向は見られない（湯原 2016：9）。介護者が行き詰まり，将来を悲観して死を決意，あるいは被介護者を殺害する事件など発生させてはならない。このような事件を防ぐためには，我々はどうしたらよいのだろうか。

　なお，介護殺人という言葉については，学術的に統一された定義があるわけではない。ここでは「介護に関わる困難を背景に，介護していた親族が被介護者を殺害，あるいは心中する事件」という意味で用いる。

　介護殺人の実態把握において，参考になる公式統計としては，

① 厚生労働省による「（高齢者）虐待等による死亡例」調査

② 内閣府の自殺統計

③ 警察庁による犯罪統計

がある。

　厚生労働省の「（高齢者）虐待等による死亡例」調査からは，介護している親族による介護をめぐって発生した事件で，被介護者が65歳以上かつ虐待等により死亡に至ったものは年間25件程度，警察庁の犯罪統計からは介護・看病疲れによる殺人・自殺関与・傷害致死事件が年間50件程度，内閣府の自殺統計では介護・看病疲れによる自殺が年間250から300件程度生じていること，3つの統計において，自害・他害ともに女性に比べ，男性が加害者となる割合が高いことが明らかになった。さらに介護殺人の実態について，公式統計ではわからない事件の背景等について掘り下げた新聞記事調査では，1996年から2015年までの20年間に，介護殺人事件は少なくとも754件発生しており，762人が死亡していること［表14－1］，被害者は女性が7割，加害者は男性が7割を占め，加害者で最も多い続柄は「夫」であること［表14－2］，加害者自身に障害，あるいは介護疲れや病気などの体調不良が見られる割合は少なくとも約3割にのぼることなどが確認できた（湯原 2017：22）。

　介護殺人には様々なタイプがあるが，数多くの事件を知るなかで筆者が強く感じた疑問の一つは「そもそもなぜ，この人が介護を担っていたのか」である。客観的にみて，どう考えても無理と思われる状況で介護していた者が予想以上に多かったのだ。ここからは，傍から見て介護を任せて大丈夫かと心配になる状況にも関わらず，介護を担わざるを得ない立場に追い込まれている者がかなり存在することが推測できる。

　介護を担うには，ある程度の力量が必要である。相手の存在を気にかけ，自分で対処できないときには誰かに相談する，症状がひどくなったときには病院に連れて行くなど，臨機応変な判断力や対応力が求められる。もしそれらに著しく欠ける者が介護を担うことになった場合，介護はおろか，被介護者と介護者の生活そのものも破たんしかねない。そうなる前に誰かが危機に気づき，生活の立て直しを図っていくことが必要

表14-1　「介護殺人」件数・死亡者数

年	件数	死亡者数	年	件数	死亡者数
1996年	13	13	2007年	48	48
1997年	18	18	2008年	55	56
1998年	24	26	2009年	50	51
1999年	29	29	2010年	44	44
2000年	39	39	2011年	51	53
2001年	29	29	2012年	40	40
2002年	37	37	2013年	40	40
2003年	42	42	2014年	44	44
2004年	32	33	2015年	43	43
2005年	27	27	計	754	762
2006年	49	50			

（出典）湯原悦子（2017）『介護殺人の予防―介護者支援の視点から』クレス出版：19頁。

表14-2　加害者と被害者の関係

	加害者	事件数 （死亡者数）	事件数割合（%）
親が子を	父親	1（1）	0.1
	母親	8（8）	1.1
子が親を	息子	239（242）	31.7
	息子の配偶者	11（11）	1.5
	娘	85（87）	11.3
	娘の配偶者	10（11）	1.3
配偶者間	夫	252（252）	33.4
	妻	100（100）	13.3
その他	姉 or 妹	9（9）	1.2
	兄 or 弟	15（15）	2.0
	孫	11（11）	1.5
	その他	4（6）	0.5
	複数	9（9）	1.2
計		754（762）	100

（出典）湯原悦子（2017）『介護殺人の予防―介護者支援の視点から』クレス出版：19頁。

である。

3. 介護負担から殺人に至った事例

介護殺人のなかには，事件を起こしてしまった家族介護者自身，体調不良であったり，病気や障害を抱えていたりする事例が少なくない。ここではその一例として，高齢で自らも要支援状態の夫が妻を死亡させてしまった事例をみてみよう。

〈事例〉高齢で自らも要支援状態の夫

(1) 事件概要

認知症の妻A（80代半ば）を介護していた夫B（80代後半）がある夜，妻からの文句に立腹し，妻の頬を平手で数回たたいた結果，急性硬膜下血腫の傷害を負わせ死亡させてしまったという事件である。

AとBは二人暮らし，Bの性格は穏やかで仲の良い夫婦であった。Aが認知症を発症したのち，Bも高齢で要支援であったにも関わらず，献身的にAの介護を続けていた。事件の3か月前ごろ，Aは失禁・失便をくり返すようになった。はじめは夜，寝ているときに失禁する程度であったが，Aはだんだんと昼間起きているときにも失禁するようになった。またBはAを風呂に入れるため，嫌がり激しく抵抗するAの下着を脱がせ，身体を洗い，服を着替えさせ，汚れた衣服を洗濯するという一連の作業を一人で行っていた。BはAの介護にかかりきりになり，楽しみにしていた自らのデイサービスを休みがちになった。Bの気が休まる時間はしだいに減っていった。

BはAの面倒は自分でみたいと考えていたが，いよいよ限界に近づいてきたと感じ，事件の2か月前には施設探しを始め，家の近くの施設に入所の申し込みを行った。しかしその間もAの認知症の症状は悪化して

いき，事件の1週間前になると，BはAにしばしば睡眠を中断され，夜，十分に眠れない状態に陥った。Bは日中の家事や介護の負担に不眠が重なり，精神的にも身体的にも疲れ切っていた。

　事件当日の夜，Bは寝ようとしたところをAに起こされた。そしてAからいわれのない文句を言われて立腹し，Aの頬を平手で数回たたいた。それでもAが黙らなかったため，さらに数回たたいたら，Aは急性硬膜下血腫を起こし倒れてしまった。すぐに救急搬送されたが，後に死亡が確認された。

(2)　事件が生じたプロセスと被告の心情

　Bは2人の子ども（息子）が独立してからずっとAと2人暮らしであった。70歳になるまで仕事を続け，その後は年金生活であった。あるときAは物忘れがひどくなり，病院を受診したところアルツハイマー型認知症と診断された。その後AとBは要介護認定を受け，2人とも要支援1と認定された。Bはデイサービスに通い始めたが，Aは「そんなじじいや，ばばあのいるところに行きたくない」と言い，訪問介護も「他人がうちに入ってくるのは嫌だ」といって利用を拒否した。当時，BはAの被害妄想で悩んでおり，地域包括支援センター（以下，包括）の担当者に何度となく相談していた。

　事件の2年前ごろ，Aは自分で料理を作ることができなくなり，夕ご飯は1食分のおかずを配達してもらい，2人で分けて食べるようになった。このころ長男の嫁から包括に「BがAの暴言に耐えられないようだ」という相談が寄せられた。Aはたった今聞いたことでもすぐに忘れるほど認知症の症状が進んでいた。Bは「さっき言ったばかりなのにと腹が立つこともあったが，認知症なのだから仕方ないという気持ちもあり，また，聞かれたことに答えなければ延々と妻が同じことを聞いてくるだ

けだと思い」，仕方なく同じことを答えていた。この頃Bは抑うつ状態にあり，認知機能も低下していた。包括の担当者はBに家族支援事業の利用，家族サロン参加などを勧めたが，Bはデイサービスを優先したいと考え，家族支援事業を利用することはなかった。

　事件の1年前，自宅でBのサービス担当者会議が行われ，高齢者のみの世帯であること，Aへの支援が必要であること，Bの負担が大きくBへの積極的な支援が必要なこと，Bがうつ傾向にあることなどが確認された。その3か月後には包括においてAへの関わり方などを検討する事例検討会が開催され，Aに対し包括全体で関わることが確認された。しかしその後，包括の担当者からAに対し，具体的な支援がなされることはなかった。

　事件の5か月前，包括の担当者は長男にAの支援を行いたいと相談した。しかしそのとき，長男が包括にAを施設入所させる方向で話を進めていると語ったためか，具体的な支援にはつながらなかった。

　事件の3か月前，Aの失禁が始まった。BはAに着替えをさせようとしたが，激しく抵抗された。Bは途方に暮れ，デイサービス職員に自分がAの世話に疲れていることを打ち明けた。デイサービスに行くことはBのよい気分転換であったが，Aから目が離せず家から離れられない日が増えていた。Bはしだいに「これ以上妻の面倒をみることはできない」と思うようになっていった。

　事件の2か月前，Bは長男と入所施設の見学に行き，申し込みを済ませた。その後，Aの症状はさらに悪化していった。Aはテレビの画面をボーっと見ているだけで，その内容を理解できていない様子だった。それまでもAは「年金をいくらもらっているのか。年金と貯金で生活費は足りているのか。遺産はどうなっているのか」などと繰り返しBに尋ねていたが，その回数が目に見えて多くなり，1分前に言ったことを忘れ

てまた同じことを聞いてくるという状況であった。ＢはＡから目を離すことなく，昼夜問わず，Ａの様子を見守り続けた。

　事件の数日前，Ｂは夜，長男に電話をしてＡの世話の大変さを伝えた。長男が着替えを手伝いに行くと，Ｂが泣いていた。長男は今まで見たことがないＢの涙にショックを受けた。事件当日の夜８時ごろ，寝入りばなを起こされたＢは，Ｂが父親の葬式も法事もしなかったなどと事実に反する文句を言われた。Ｂは実の父親の葬式を出さない息子がどこにいるのかと立腹し，Ａにたたくぞと言って手を挙げたところ，Ａはたたけと言って顔を突き出してきたため，ＢはＡの頬などを平手で２，３回たたいた。その後もＡが同じことを繰り返し言ってきたため，その都度，Ｂは平手でＡの頬をたたくことを５回ほど繰り返した。その結果，Ａは急性硬膜下血腫を発症，病院搬送後に死亡が確認された。

　事件後，Ｂは次のように語った。「私はこれまで妻の介護をしてきましたが，介護が大変でストレスを感じていたということはありません。長年連れ添ってきた妻ですから，私が妻の面倒をみることは当然だと思っていました。ところがこんなことになってしまいました。今思うと，妻の認知症の症状が進んでいたので，もう少し早く施設に妻を入れておけば，今回のような口論にもならなかったと思います。妻に対してはすまなかった，悪かったと思う気持ちでいっぱいです。長年連れ添った妻に対して，最後に一言謝りたかったというのが今の気持ちです」。

4.　この事件を回避することはできなかったのか

　この事件を知った者はおそらくＢが経験した苦しみと悲しみに思いを馳せ，何とも言えない気持ちになっただろう。この事件を回避する方法はなかったのだろうか。

　はじめに家族の関わりについて考えていく。ＡとＢには２人の息子が

おり，長男夫婦が近隣，次男は遠方に住んでいた。息子たちについてＢは事件後，次のように語っている。「私たち夫婦の家の近くに長男夫婦が住んでいるので，何かあれば私は長男に相談していました。ただ長男も仕事をしているため，月１，２回来てくれる程度であり，妻の面倒はすべて私がみなければなりませんでした。また次男は離れたところに住んでいるため，次男を頼ることはできませんでした。そのほかに私が頼ることのできる人はいませんでした」。長男は当時，職場で重要な役割を担っていたが，何とか時間をやりくりしてＡの受診に付き添い，Ｂの相談にのり，Ｂとともに入所施設を探していた。また長男の嫁もＡやＢを気にかけ，頻繁に様子を見に行っていた。長男は後に，公判で「どこでこんなことになってしまったんかなと，今はわからないです」と語った。

　次に専門職（保健，医療，福祉）の関わりについて考える。家族を除き，ＡやＢと日常的な接触があったのは福祉関係者たちであった。事件の３年前，ＡとＢは要介護認定を受け，ともに要支援１と認定されている。要支援であるため，包括がＡとＢの支援計画の作成を担当することになった。

　Ｂが要支援１に認定されてから事件が生じるまで，介護予防サービス・支援計画表は計４回策定されていた。初回に作成された計画の期間は６か月，この計画表を見る限り丁寧なアセスメントがなされており，夫婦間のストレスの緩和，妻の家事能力への配慮が確認できる。ただし家事支援の必要性や夫婦間の関係性の悪化については触れられておらず，総合的課題の欄でも妻をも含めた世帯全体の支援の視点は見られない。それから半年後に改訂された２回目の計画表は，前回とほとんど内容が変わらなかった。サービス担当者会議が行われたが，そこでの検討課題はＢの機能訓練のみで，Ａの暴言の確認や夫婦二人の生活に関する

問題提起はなされなかった。それから１年後，３回目の計画表が策定された。このとき，Ａの認知症状の進行に伴い家事の多くをＢが担っており，「家族の支援を受けながら在宅生活を続けているが，心身の負担が重い」というアセスメントがなされていた。総合的課題には「歩行状態の悪化に加え，在宅における妻との関係もあり，日常的に精神的なゆとりがない状況である。このままの状態が続くと身体的，精神的な負担が重なり心身に不調を及ぼす恐れがある」と記されていた。４回目の計画は事件の約10か月前に策定されていた。Ｂはうつ状態で，自宅での妻の介護に精神的な負担を感じており，デイサービスに行くことがＢにとって重要であると指摘されていた。しかし事件当時，Ｂは失禁し動き回るＡから目が離せず，自らのデイサービスに行くことが難しくなっていた。それでも計画の変更がなされることはなく，Ｂの負担が軽減されることもなかった。

　次に介護予防支援経過記録であるが，ここにはＢも，息子も嫁も，Ｂが常にＡの介護で苦しんでいると訴えていることが記載されていた。しかし包括からは問題解決につながるような提案は特になされなかった。

　最後にデイサービスについて，Ｂが唯一利用していたサービスであり，彼の心のよりどころにもなっていた。当時，デイサービス職員は何度もＢからＡに関する心配事を打ち明けられている。デイサービス職員は包括にＢの危機を伝えていた。事件の直前にＢから休むとの電話を受けたとき，今までとちょっと違う，切羽詰まっていると感じたデイサービス職員は包括に連絡をし，すぐに様子を見に行ってくださいとお願いした。しかしそれは実行に移されなかった。後にデイサービス職員は公判で「…様子を見に行ってくださいねと念押しをしたんですけど。（行けなくても）電話で連絡することはたぶん，できたと思うんですね。それはやってもらえてなかったみたいなので，ちょっと残念です。…ケアマネジ

ャーがもう一歩先に踏み込んでくれていれば，またちょっと違ったことになってたと思うんですけど，今回の事件を防げたと思っています」と語った。

5. 介護殺人の事件から何を学ぶのか

　介護殺人が発生した後，その地域の行政機関が「事前に（家族介護者から）相談があれば対応できた」という趣旨の発言をすることは少なくないが，そもそもそれができる家族介護者であれば事件に至ることはなかっただろう。しかし本件では介護者である夫が福祉職の支援者らに何度も明確なSOSを出しており，介入のチャンスは何度となく訪れていた。そのチャンスが全く活かされなかった点は非常に悔やまれる。

　夫は80代後半と高齢かつ男性で，妻はアルツハイマー型認知症で介護サービスの利用がないという状況だけでも，介護の苦難は容易に想像できる。夫自身の体調も含め，世帯全体を対象にした，きめ細やかな見守りが必要な事例であった。もし妻を担当していた包括職員が夫のSOSを真摯に受け止め，彼の状況を考慮してケアプランを見直し，適宜，必要な危機介入を行っていたら，この事件は生じなかっただろう。

　問題は，包括職員がどれだけ，家族介護者を「支援する存在」として自覚をしていたか，である。

　2018年3月，厚生労働省は市町村・地域包括支援センターによる「家族介護者支援マニュアル　〜介護者本人の人生の支援〜」を発表した。ここにはこれからの介護家族者支援施策の目指すべき方向性として，以下のような記載がある。

　　「家族介護者支援」の新たな目標達成に向けて，今後，地域包括

支援センターの総合相談支援業務をはじめとする事業に求められて
いることは何でしょうか。それは家族介護者を「要介護者の家族介
護力」として支援するだけでなく，「家族介護者の生活・人生」の
質の向上に対しても支援する視点を持ち，要介護者とともに家族介
護者にも同等に相談支援の対象として関わり，共に自分らしい人生
や安心した生活を送れるよう，地域包括支援センターの事業主体で
ある市町村はもちろん，多機関専門職等と連携を図って，家族介護
者にまで視野を広げた相談支援活動に取り組むことです（厚労省
2018：8）。

　介護殺人を完全になくすことは難しい。しかし支援者が介護者の介護
を担う力量を把握し，積極的に介入できる仕組みを構築することができ
れば，介護殺人の件数を確実に減らしていくことができる。そのための
仕組みづくりをどのように進めるのか，次章ではこの点について掘り下
げて考えていきたい。

参考文献

・湯原悦子（2016）「介護殺人事件から見出せる介護者支援の必要性」『日本福祉大
学社会福祉論』134.9-30.
・平成12年度介護保険事業状況報告（年報）
（2019年1月9日取得，https://www.mhlw.go.jp/toukei/saikin/hw/kaigo/
jokyo00/hyo5.html）
・介護保険事業状況報告の概要（平成31年7月暫定版）
（2019年10月22日取得，https://www.mhlw.go.jp/topics/kaigo/osirase/jigyo/
m19/dl/1907a.pdf）
・菊池信子（2018）「要介護高齢者と家族支援」ソーシャルワーク研究43（4），
275-283.

・厚生労働省（2018）「（平成29年度　介護離職防止のための地域モデルをふまえた支援手法の整備事業）市町村・地域包括支援センターによる家族介護者支援マニュアル～介護者本人の人生の支援～」.

（2019年1月9日取得，https://www.mhlw.go.jp/content/12300000/000307003.pdf）

・湯原悦子（2017）『介護殺人の予防－介護者支援の視点から』クレス出版.

15 | 介護殺人と家族支援

湯原悦子

《**目標＆ポイント**》　今の日本では介護の多くを家族が担っており，家族によるサポートなくしては高齢者の介護は成り立たない。この現実をふまえたうえで，本章では，そもそも日本では介護を担う家族について，どのような認識のもと，いかなる政策が展開されてきたのかについて確認する。そして今後，家族介護者に必要な支援とは何か，どのような施策を講ずるべきかについて，海外の介護者支援施策をもとに検討したい。

《**キーワード**》　介護，介護者，依存，支援，施策

1. 日本における介護者支援の現状

　国際的に見れば，日本の介護者支援の状況は「立ち遅れている」（菊池 2012：55）。OECD の加盟国の中には，介護者を担う家族を支援するにあたり，全国戦略が立案され，介護者アセスメント，レスパイトケア，年金受給権や逸失所得の補償などの支援がなされている国々もある。日本はなぜ，これらの介護者支援策を導入するに至らなかったのだろうか。

　介護者支援が立ち遅れている要因の一つに，学術研究の不十分さがあるのだろうか。いや，必ずしもそうではない。介護を行う家族の社会的位置づけについても研究の蓄積は確認できるし（笹谷 2005），菊池（2012：55）は国内外の介護者支援についての研究成果を調べた三富の研究（2010）を紹介し，日本において介護者支援の調査研究が歴史的に

みても海外の福祉国家諸国と比較して遜色なく取り組まれていたこと，また，内容的にも現在よりはるかに包括的な支援のあり方が議論され，介護者アセスメントなど具体的な支援策も提起されてきたことを指摘する。しかし，それらの研究結果が現在，日本における介護者支援として結実しているとは言い難い状況にある。

2. 介護保険制度における介護者の位置づけ

　日本の高齢者介護は，2000年4月に導入された介護保険制度により，サービス提供システムなどの点で大きく変化した。その変化の過程で，介護を担う家族はどのように位置づけられていたのだろうか。

　介護保険導入時，さかんに言われた言葉の一つに「介護の社会化」がある。その必要性を裏付けるものとして家族介護の限界が主張されていた。下夷（2007：222）は介護保険導入当時，家族神話が根強い日本において，介護の社会化を目的に制度導入をめざすにあたり，合意形成と制度設計という二段階の介護の社会化戦略がとられていたと説明する。第一段階の合意形成について，介護を過酷でつらいものとして提起し，だからこそ介護を社会化する必要があるのだという国民合意を形成するという戦略が実行された。そこでは介護はいつまで続くかわからない重労働であるといった介護の肉体的・精神的負担が強調され，あわせて被介護者の社会的入院による医療費の財政負担についても問題視された。さらに，介護に結び付いた「機能衰退」「死」というマイナスの価値観も重なり，介護は人々の間にネガティブなものとして認識されていく。そこから家族介護の限界という共通理解が世論として広がり，介護の社会化に対する社会的合意が図られたのである。

　次に，第二段階の制度設計において，家族を除外した制度とすることで社会サービスへの回路を開くという戦略がとられた。導入された介護

保険制度は本人と政府の二者関係として設計され，要介護認定において
は基本的に家族の状況に大きく左右されない仕組みとなっている。とは
いえ，介護保険の創設段階において，家族が全く無視されていたわけで
はない。当時，家族介護に対し，現金給付（介護手当）を導入するかど
うかが盛んに議論されていた。最終的には制度化されるに至らなかった
が，この論議について，当時介護保険制度創設に関わった増田（2016）
は次のように振り返っている。「日本の介護手当議論においては，介護
者支援という視点が欠けていて，現金給付の是非論にだけ終始してしま
った。そのため，現金給付が持つマイナスイメージ（女性を介護に縛り
付ける等）が強調され，制度化されなかったばかりでなく，家族やボラ
ンティアによる介護というインフォーマルケアの意義に対する考察や，
介護者支援の政策もおざなりなものになってしまった（増田　2016：
171）」。

　結局，介護保険では法制度上，家族を考慮しないことで社会サービス
の利用にインセンティブを与え，社会化を促すという方策がとられたの
である。この状況について，下夷（2007：224）は「こうした『あえて
家族を評価・支援しない』という戦略は，『家』制度の残存という日本
の家族の特殊性や，福祉サービスの利用に対する抵抗感が浸透している
状況を考えれば，現状を打破するのに効果的であったと言えよう。すべ
ての家族にサービスの利用を促すという方向で，介護の社会化を進めた
意義も大きい。…しかし介護がもたらす価値や家族介護の意義について
の議論を伴うことなく，負担面のみが強調されたために，介護はきつく
つらい苦役という理解が浸透し，介護の持つ価値が一面にしか捉えられ
なくなった，という点は問題と言えよう…現実に行われている家族介護
は，政策的に支援されないまま放置されている。『あえて家族介護を評
価しない』という戦略によって，家族介護が不可視化されたことの問題

は大きい」と問題提起している。

　介護保険創設時，激しく議論が交わされた現金給付については2003年の見直しにおいてテーマにも挙げられず，ほとんど議論されることもなかった。そして介護保険部会が2004年7月にまとめた「介護保険制度の見直しに関する意見」では，現金給付の制度化は不可であるという論調になり，家族支援のあり方としては，家族に対する相談・支援体制の強化，地域における「見守りサービス」，家族のレスパイトサービスの充実が必要であると指摘された。その後2008年改正，2011年改正，2014年改正と続くが，もはや現金給付（介護手当）の制度化が審議の俎上にあがることはなかった（増田 2016：167）。

　介護保険制度において，家族に対する直接的な支援は，地域支援事業の一つである家族介護支援事業として位置づけられてきた。ただしこれは必須事業ではなく，任意事業という位置づけである。多様な事業形態による展開が可能である反面，実施しなくてもよいということであり，事実，実施率は低調であった（菊池 2012：65）。保険者は地域支援事業のほか，独自の保健福祉事業として介護者の支援のために必要な事業を行うことも可能であるが，財源が第1号保険料100％であるため，介護者の支援のための事業は市町村にとって積極的に導入しづらい状況であった。

3. 地域包括ケアシステムにおける介護者支援

　団塊の世代が75歳以上となる2025年以降は，国民の医療や介護の需要がさらに増加することが見込まれている。そこで厚生労働省は2025年を目途に，高齢者の尊厳の保持と自立生活の支援の目的のもとで，可能な限り住み慣れた地域で自分らしい暮らしを人生の最期まで続けることができるよう，地域の包括的な支援・サービス提供体制を作りあげていく

ことを提起した。めざすは重度な要介護状態となっても住み慣れた地域で自分らしい暮らしを人生の最後まで続けることができるよう，住まい・医療・介護・予防・生活支援が一体的に提供される「地域包括ケアシステム」の構築である。2011年になされた介護保険法等改正では，国及び地方公共団体が地域包括ケアシステムの構築に努めるべきという内容が介護保険法上に明記された（介護保険法第5条第3項2）。

　この地域包括ケアシステム構築に向けた議論のなかで，介護者についてはどのような議論がなされたのだろうか。2013年3月に発表された地域包括ケア研究会の報告書には次のような記載が確認できる。

　「…今後，介護の社会化がさらに進展したとしても，介護者の身体的・精神的負担を完全に取り除くことはできない。そうした観点からも，介護者支援は不可欠なものであり，介護者自身に対する直接的なサポートの強化も必要と考えられる（p9）」。加えて「家族等が介護を理由に仕事や学業等の社会生活を断念せざるを得なくなること，心身に不調をきたすことは，社会全体の損失となる。介護者への効果的な支援は，最終的に要介護者のQOL（生活の質）を向上させるだけでなく，社会的な損失を縮小させるという視点をもって，介護者への支援を検討すべきではないだろうか（p9）」。

　ここでは介護者に対する直接的なサポートの必要性が提起されたことと，支援の必要性が要介護者のQOLの向上のみならず，社会的な損失の縮小という視点から導き出された点に注目したい。

　これまでの歴史を振り返れば，介護の社会化がさらに進展しても介護者支援は不可欠であると確認されたこと，介護者支援の必要性を要介護者のQOL（生活の質）の向上のみならず，介護者の社会的な損失の縮小という視点から導き出したこと，家族もその人らしい生活を送れるようにという視点が提起されたことは大きな進展であろう。

　地域包括ケアシステムの構築に向けた議論のなかで介護者支援に対する認識の深まりは確認できたが，介護殺人の予防という点から言えば問題がないわけではない。

　2017年3月に発表された地域包括ケア研究会の報告書には，「「自助」「互助」「共助」「公助」は，時代とともに，その範囲や役割を変化させていく…（中略）「共助」「公助」を求める声は小さくないが，少子高齢化や財政状況を考慮すれば，大幅な拡充を期待することは難しいだろう。その意味でも，今後は，「自助」「互助」の果たす役割が大きくなっていくことを意識して，それぞれの主体が取組を進めていくことが必要である（p51）」と述べられている。ここからもわかるように，地域包括ケアシステムは自助と互助を重視しており，介護者についても基本的に，自ら生活を整え，周囲の協力を求めることができる者が想定されているように思う。しかし堀越（2013：11）によれば，介護者は「客観的にみると支援が必要なのに本人がそれに気づいていない」，あるいは「自分の中で問題が整理されておらず，生活のしづらさや生きにくさの状況を相手にわかる形で話すことができない」という特徴がある。介護殺人に関して言えば，そもそも自助を期待できない者，あえて互助を求めない者が事件の被告として裁判の場に数多く現れているのだ。

　介護殺人が生じる世帯の多くは被介護者，介護者の健康のみならず，経済的困窮など様々な問題を抱え，自ら困難に対処する力を失っている。これらに対応するためには適切な判断と支援を行える第三者の介入が不可欠である。もし危機介入が必要な場合でも，実際に介入を可能とするシステムが地域に整備されていなければ，本人の尊厳の保持や自立生活の支援だけではなく，家族もその人らしい生活を送れるように，という理念は絵に描いた餅になってしまう。保健医療福祉領域の専門職が適切に介入していくためには，公的責任による介護者支援のシステム整備が

不可欠であろう。それなくして自助と互助を支援の拠りどころにするのであれば，介護殺人の発生を防ぐことは難しい。

4. 海外の介護者支援施策に学ぶ

　介護者は心身の健康，就労，生活設計など多岐にわたる課題を抱えている。彼らに対し専門的な支援を行うためには，その基盤となる法制度を整備し，支援システムを構築していくことが不可欠である。これまで日本では，社会状況や価値観の変化を受け，福祉の対象と法制度を拡充したり，細分化したりする動きがみられた。ただ介護者について言えば，2019年現在，日本では支援の基盤となる法制度が十分に整備されているとは言えない。一方，海外では，ここ20年ほどで介護者支援の基盤となる法制度の整備がなされ，施策が大きく進んでいる。ここでは，介護者支援の先進国としてイギリスでの取り組みを例に挙げ，日本は何を学ぶべきかについて考察する。

（1）　日本における介護者支援の根拠となる法律

　家族介護者に関しては，そもそも支援の基盤となる法制度が十分に整備されていない。介護保険法における地域支援事業には家族支援事業，家族介護継続支援事業が挙げられており，要介護被保険者を現に介護する者に対し情報提供等を行うことが定められているが，これらは任意事業であるため，自治体には必ず行わなければならない義務はない。そのほか高齢者虐待の防止，高齢者の養護者に対する支援等に関する法律（高齢者虐待防止法）の6条では，高齢者を現に養護する者であって養介護施設従事者等以外の者に対し，市町村が相談，助言及び指導を行うこと，14条に緊急の必要がある場合に高齢者が短期間養護を受けるために必要となる居室を確保するための措置を講ずることが定められているが，これらは高齢者の権利利益の擁護を目的としており，介護者支援は

そのための達成手段にすぎない（水野・荒井 2007）。

　一方，イギリスでは介護者支援は単に在宅での介護の継続を目的にした支援のみを行っているわけではなく，介護者法のもと，介護者を被介護者とは違う個人として認め，その社会的役割を確認し，介護者への支援は彼らが介護を原因に社会から孤立しないことを目指すものとしている（三富 2000：18）。このような考え方のもとでは，介護者に対し，いかなる施策が展開されることになるのだろうか。

（2）　イギリスにおけるケアラー支援

　イギリス（イングランド）ではケアラー支援の根拠となる法としてCare Act 2014とChildren and Families Act 2014の2つが施行されている。なおここで言うケアラーとは，一般社団法人日本ケアラー連盟の訳によれば「無償で，長期にわたって，身体・精神的な疾病・障害，また高齢に伴うケアの必要によって，家族や友人，その他の人の世話をしている人」を指す。ケアラー支援を進めるにあたり，保健省は2016年，ケアラーに広く呼びかけ実態調査を行い，現状の確認を行った。その結果，ケアラーは自らがケア役割を担っていることに誇りと満足感を抱いているが，多くの現実的な困難に直面しており，彼ら自身の健康や仕事，ケア以外の役割に深刻な影響が及んでいることが明らかにされた。この調査結果を受け，2019年現在，Carers Action Plan 2018-2020というアクションプランが作成され，実行に移されている。

　このプランは主に5つの柱から成り立っており，ケアラーにとって役立つサービスのシステムや構築，雇用と経済的な安寧，若いケアラーの支援，広くコミュニティや社会において介護者を認識し支援していくこと，ケアラーに向けた施策の効果を向上させるための調査と根拠の蓄積が主な柱となっている。そして，それぞれの柱について具体的な行動プランが提示され，どの部署が担当をし，いつまでに行うのかが細かく記

られている点は注目すべきである。

　また，「典型的なケアラー」はいないとの確認のもと，個々のニード
に柔軟に応じていくこと，ケアのどの段階にいるのかをふまえた支援を
行うこと，従業員がケア役割と仕事の両立を図れるような職場環境を整
えること，若くしてケア役割を担っている者がそうでない者と同じよう
に人生において機会やチャンスに恵まれるようにすること，介護者に理
解のあるコミュニティを創造すること，ケアラーにとって最も効果的な
施策立案に向け，調査を行い根拠を得ていくことなどは今後，日本の介
護者支援を考えるうえでも重要な論点となるだろう。

（3）　ケアラー支援の４つのモデル

　イギリスの政策からは，介護者に対し，単に情報提供や健康への配慮
に留まらず，介護者の社会参加や介護者自身の人生の充実をも視野に入
れた支援を展開していることがわかる。またこれらの国々には，社会に
おいて介護者をどのような存在として認識していくのかについて明確な
見解がある。その基盤となっているものは介護者支援の「４つのモデル」
であり，Social Inclusion（社会的包摂）の思想である。

　イギリスの Twigg と Atkin は1994年，介護者支援の４つのモデルを
発表した。このモデルでは，（インフォーマルな）介護者に対する社会
の認識を確認することができる。2019年現在もこのモデルに基づき全国
戦略の立案や施策の充実がなされており，介護者支援の指針となるもの
として注目される。

　ここでは木下の訳（木下　2007：140）を参考に，それぞれのモデルに
ついて説明する。

　第１のモデルは介護者を主たる介護資源と位置づける。このモデルで
は，介護者がほとんどのケアをしていても，それは当然とみなされる。

関心は被介護者に置かれ，介護者と被介護者に利害関係が起こりうることは無視される。介護者は無料の資源とされ，インフォーマルなケアを公的ケアで対応しようとすること，介護者の負担を軽減することへの社会的，政策的関心は低い。

　第2のモデルは介護者を専門職の協働者と捉える。介護者は専門職と協働してケアに従事する人として認識される。被介護者の状態を改善することが介護者と専門職双方に共有された目的で，そのために介護者の意欲，モラルが重要とされる。介護者の負担は考慮されるが，この目的の範囲においてである。

　第3のモデルは被介護者だけでなく，介護者自身にも注目し，介護者も援助の対象者と捉える。介護者のストレスを軽減することにより，介護者が高いモラルで介護役割を継続的に果たすことが期待され，様々な形のレスパイトが大きな効果を発揮するのもこのモデルである。

　第4のモデルは，被介護者と介護者を切り離し，介護者を「介護者」という視点ではなく，社会に生きる一人の市民として捉える。このモデルでは，被介護者と介護者それぞれを個人として位置づけ，個別に支援する。介護者を「介護者」ではなく家族として理解し，介護者という見方に付随する責任や義務感などの負担を課さないようにしようとする。また，介護による社会的排除，つまり介護の役割を担うことにより，社会で活躍したり生活を楽しんだりする機会が失われることを社会で解決すべき問題と考える。

　介護者支援が進んでいるイギリスでは，Carers equal opportunities act 2004（England と Wales に適用）以降，現在に至るまで，第3，第4のモデルの考え方を強く意識した支援が行われている。すなわち，被介護者のみならず介護者も支援の対象と捉え，社会的包摂の視点から，介護者が介護によって退職に追い込まれたり，社会での活躍の場を失っ

たりするなど市民として当然得られるべき機会を失うことがないよう，様々な支援策が講じられているのだ。

　現在の日本の介護者支援の考え方は，被介護者の QOL の向上のために介護者を支援する，という視点であり，レベルとしては第2のモデルに止まっている。その他，一部の自治体で行われている家族介護者への支援事業も，介護者自身を支援の対象にしている点で画期的ではあるが，被介護者への介護を成り立たせるという目的が前提となっている点は否めない。ここからさらに発展し，第3，第4のモデルに基づく支援を行うためには，介護を担う者に対する社会の認識を問い，彼らが社会で果たしている役割を社会に不可欠なものとして確認していくことが必要となる。

（4）　日本がイギリスから学ぶべき点

　イギリスにおける介護者支援の内容を概観し，根拠となる法と重点施策について確認した。私たちはここから何を学ぶことができるだろうか。

　第一に，介護者に対する認識である。日本においても介護者を地域の重要な構成員であり，被介護者とは異なる，独立したニーズを持つ個人であると認識するところから支援を立案するべきである。

　第二に，介護者支援の目的を確認し，介護者法を制定することである。冒頭で述べたように，例えば高齢者について言えば，日本の介護者支援は被介護者の権利擁護を主目的にしており，そこから支援の必要性が導き出されている。これでは介護者は被介護者への支援に付随する間接的な利益を受けるにすぎず，介護者の社会的排除に関する配慮はみられない。ここからの発想の転換が必要であろう。介護者支援の目的は，介護者の基本的人権の尊重から導かれなければならず，めざすところはイギ

リスに習い，「社会的包摂」とすべきである。介護役割を担ったがために社会から孤立したり，就労や教育，余暇を楽しむ機会を失ったりすることを防がねばならない。介護者の社会的包摂を目的に据え，それを実現するための法的根拠として，介護者法を制定することが必要である。

　第三に，被介護者とは別に介護者自身を対象にしたアセスメントを行い，適切なサービスの提供につなげていくことである。その他，介護者と被介護者のみならず個々の家族メンバーをも視野に入れたアセスメントも行い（Whole Family Approach），世帯全体の生活の維持向上に向け，包括的な支援を行っていくことも重要である。

　そして忘れてはならないのは財政基盤の確保である。どれだけ理念がすばらしくても，それを実現させる財源が確保されなければ，それは絵に描いた餅である。実際に，イギリスでは介護者法の制定後，財源不足から介護者へのサービス給付が十分に行われない事態が数多く発生した（Garboden & Simeon 2007：16）。日本はイギリスと同じ失敗を犯してはならない。そのためにも支援の基盤となる法を制定し，それを根拠に十分な予算を確保することが重要である。

参考文献

・湯原悦子（2017）『介護殺人　―介護者支援の視点から』クレス出版.
・菊池いづみ（2012）「家族介護支援の政策動向：高齢者保健福祉事業の再編と地域包括ケアの流れのなかで」『地域研究：長岡大学地域研究センター年報』Vol.12：55-75.
・笹谷晴美（2005）「高齢者介護をめぐる家族の位置―家族介護者視点からの介護の『社会化』分析」『家族社会学研究』16（2）：36-46.
・三富紀敬（2010）『欧米の介護保障と介護者支援―家族政策と社会的包摂，福祉国家類型論』ミネルヴァ書房.

・下夷美幸（2007）「9．家族の社会的意義とその評価―育児・介護の担い手として―」本澤巳代子編『家族のための総合政策　―日独国際比較の視点から』信山社.

・増田雅暢（2016）『介護保険の検証　軌跡の考察と今後の課題』法律文化社.

・三菱 UFJ リサーチ＆コンサルティング（2013）『平成24年度＜地域包括ケア研究会＞地域包括ケアシステムの構築における今後の検討のための論点．厚生労働省老人保健事業推進費等補助金（老人保健健康増進等事業）持続可能な介護保険制度及び地域包括ケアシステムのあり方に関する調査研究事業　報告書』.
（2019年 1 月 9 日取得，http://www.murc.jp/uploads/2013/04/koukai130423_01.pdf）

・三菱 UFJ リサーチ＆コンサルティング（2018）『平成28年度＜地域包括ケア研究会＞―2040年に向けた挑戦―．老人保健事業推進費等補助金（老人保健健康増進等事業）地域包括ケアシステム構築に向けた制度及びサービスのあり方に関する研究事業報告書』.
（2019年 1 月 9 日取得，https://www.murc.jp/sp/1509/houkatsu/houkatsu_01/h28_01.pdf）

・堀越栄子（2013）「生活資源コントロールに関する考察：ケアラー支援を例として」『経済学論究』66（2）：1-24.

・水野洋子，荒井由美子（2007）「介護者支援施策の方向性に関する検討英国のCarers Act に注目して」『老年社会科学』29（2）：164.

・三富紀敬（2000）『イギリスの在宅介護者』ミネルヴァ書房.

・Department of Health and Social Care: Carers Action Plan 2018-2020 supporting carers today. 2018
（2019年 1 月 9 日取得，https://assets.publishing.service.gov.uk/government/uploads/system/uploads/attachment_data/file/713781/carers-action-plan-2018-2020.pdf）

・木下康仁（2007）『改革進むオーストラリアの高齢者ケア（第 1 版）』東信堂.

・T. A. Garboden, M. B. Simeon（2007）：Carers forced to fill gaps but receive little in return from councils, Community Care No.1656：16-17.

・湯原悦子（2010）「イギリスとオーストラリアの介護者法の検討―日本における介護者支援のために―」『日本福祉大学社会福祉論集』122：41-52.

索引

●配列は五十音順。

分担執筆者紹介

（執筆の章順）

南山　浩二（みなみやま・こうじ）
・執筆章→2・6・7

1997年	東京都立大学大学院社会科学研究科博士課程単位取得満期退学
2007年	静岡大学人文学部教授
2013年	成城大学社会イノベーション学部教授（博士（社会福祉学））
現在	同上
専攻	家族社会学・福祉社会学・「病い」のナラティヴ・質的調査法
所属学会	日本社会学会，日本家族社会学会，家族問題研究学会（企画委員）など
主な著書・論文	

『精神障害者―家族の相互関係とストレス』（単著，ミネルヴァ書房，2006年）
『社会学―社会理論と社会システム』（共編著，へるす出版，2009年）
『輸入血液製剤による HIV 感染問題調査研究最終報告書　医師と患者のライフストーリー〈第1分冊　論考編〉』（分担執筆，松籟社，2009年）
『過去を忘れない―語り継ぐ経験の社会学』（分担執筆，せりか書房，2008年）
『21世紀の家族づくり』（分担執筆，学文社，2019年）
『よくわかる家族社会学』（分担執筆，ミネルヴァ書房，2019年）

岩田　美香（いわた・みか）
・執筆章→3・4・5

1986年	法政大学経済学部経済学科　卒業
1999年	北海道大学大学院教育学研究科博士後期課程教育学専攻　修了（博士（教育学））
現在	法政大学現代福祉学部教授
専攻	子ども・家族福祉，教育福祉
所属学会	日本社会福祉学会，日本学校ソーシャルワーク学会，貧困研究会など
主な著書・論文	

『現代社会の育児不安』（単著，家政教育社，2000年）
『現代社会の「見えない」貧困』（分担執筆，明石書店，2007年）
『子どもの貧困』（分担執筆，明石書店，2008年）
『社会的孤立問題への挑戦―分析の視座と福祉実践』（分担執筆，法律文化社，2013年）
『現代社会と子どもの貧困　福祉・労働の視点から』（分担執筆，大月書店，2015年）
『いじめ・虐待・貧困から子どもたちを守るためのQ＆A100』（分担執筆，生活書院，2019年）
『シリーズ子どもの貧困第2巻　遊び・育ち・経験』（分担執筆，明石書店，2019年）

株本　千鶴（かぶもと・ちづる）

・執筆章→8・9

1991年	筑波大学第二学群比較文化学類卒業
1992年	大韓民国ソウル国立大学大学院人類学科修士課程特別研究生
1995年	筑波大学大学院地域研究研究科修士課程修了
2016年	京都大学大学院人間・環境学研究科博士後期課程修了
	（博士（人間・環境学））
現在	椙山女学園大学人間関係学部教授
専攻	社会学
所属学会	日本社会学会，福祉社会学会，日本社会福祉学会など
主な受賞歴	2017年度三井住友海上福祉財団奨励賞（2017年11月）
	第5回福祉社会学会賞学術賞（2019年6月）

主な著書・論文

「社会運動としてのホスピス運動——専門職の自己変革と戦略としての医療化」『人文学報』（東京都立大学　第319号，2001年）
「死の受容　E・キューブラー＝ロス『死ぬ瞬間』」井上俊・伊藤公雄編『社会学ベーシックス⑧　身体・セクシュアリティ・スポーツ』（世界思想社，2010年）
「病いの社会学」藤村正之編『いのちとライフコースの社会学』（弘文堂，2011年）
「緩和ケア病棟で働くということ」副田義也編『シリーズ福祉社会学2　闘争性の福祉社会学』（東京大学出版会，2013年）
『ホスピスで死にゆくということ——日韓比較からみる医療化現象』（東京大学出版会，2017年）

湯原　悦子（ゆはら・えつこ）

・執筆章→14・15

1992年	名古屋大学法学部法律学科卒業
1998年	日本福祉大学社会福祉学部卒業
2003年	日本福祉大学社会福祉学研究科博士後期課程修了
	（博士（社会福祉学））
現在	日本福祉大学社会福祉学部教授
専攻	司法福祉
所属学会	日本社会福祉学会，日本司法福祉学会，日本認知症ケア学会 など
主な受賞歴	日本認知症ケア学会　石崎賞（2010年）

主な著書・論文

『介護殺人—司法福祉の視点から』（クレス出版，2005年）
『介護家族をささえる—認知症家族会の取り組みに学ぶ』（分担執筆，中央法規出版，2012年）
「介護者セルフアセスメントシートの効果検証」日本認知症ケア学会誌13(3)，627-644（日本認知症ケア学会，2014年）
「介護殺人事件の裁判における社会福祉専門職の関与に関する研究」社会福祉学56(1)，116-127（日本社会福祉学会，2015年）
『介護殺人の予防—介護者支援の視点から』（クレス出版，2017年）

編著者紹介

下夷　美幸（しもえびす・みゆき） ・執筆章→ 1・10・11・12・13

1988年	お茶の水女子大学大学院家政学研究科修士課程修了
	社会保障研究所（現在の国立社会保障・人口問題研究所）研究員
1995年	恵泉女学園大学人文学部専任講師
1999年	日本女子大学人間社会学部専任講師
2000年	日本女子大学人間社会学部助教授
2003年	法政大学社会学部助教授
2007年	東北大学大学院文学研究科准教授
2009年	博士（社会科学）（お茶の水女子大学）
2013年	東北大学大学院文学研究科教授
2018年	放送大学教養学部教授
現在	同上
専門分野	家族社会学，家族政策論，福祉社会学
所属学会	日本家族社会学会，福祉社会学会など
主な受賞歴	東北大学男女共同参画奨励賞（沢柳賞）研究部門（2009年）
	第27回尾中郁夫・家族法学術奨励賞（2016年）
主な著書・論文	『養育費政策にみる国家と家族──母子世帯の社会学』（勁草書房，2008年）
	『養育費政策の源流──家庭裁判所における履行確保制度の制定過程』（法律文化社，2015年）
	『日本の家族と戸籍──なぜ「夫婦と未婚の子」単位なのか』（東京大学出版会，2019年）
	『家族政策研究』（放送大学教育振興会，2021年）
	「離別した父親の扶養義務の履行確保について──日本とアメリカの養育費政策」（『貧困研究』12号，2014年）
	「ケア政策における家族の位置」（『家族社会学研究』27巻1号，2015年）
	「家族への支援──養育費政策の現状と課題」（『ジェンダーと法』12号，2015年）
	「子どもの貧困と日本の養育費政策」（『家庭の法と裁判』12号，2018年）

放送大学教材　1519247-1-2011（ラジオ）

家族問題と家族支援

発　行　　2020年3月20日　第1刷
　　　　　2023年1月20日　第3刷
編著者　　下夷美幸
発行所　　一般財団法人　放送大学教育振興会
　　　　　〒105-0001　東京都港区虎ノ門1-14-1　郵政福祉琴平ビル
　　　　　電話　03（3502）2750

Printed in Japan　ISBN978-4-595-32195-5　C1336